KB082159

주주 권리가
없는나라

왜 한국 주식시장은
공정과 상식이 작동하지 않는가

주주 권리가
없는 나라

박영옥 · 김규식 지음

센시오

contents

WITHOUT
SHAREHOLDER RIGHTS

Chapter 1

왜 한국의 주식투자자들은
고통받고 있는가

Chapter 2

고질병을 앓는
한국의 주식시장

Chapter 3

주주가치를 훼손하는
8가지 치명적 문제

Chapter 4

주주 민주주의 실현을 위한
7가지 제언

대한민국 증시는
주주 배신의 역사다

나는 35년이라는 긴 세월을 대한민국의 자본(주식)시장과 함께해
왔다. 이는 주식투자가 우리 삶의 터전에 투자하는 가치 있는 일이
며, 모두가 더불어 잘살 수 있는 아주 크고 넓은 길이라는 믿음이
있었기 때문에 가능한 일이었다. 약간의 수수료와 거래세를 부담
하면 감히 꿈도 꾸지 못할 기업의 주인으로 살 수 있다는 것은 큰
행운이다. 무엇보다 투자자가 아닌 사업가의 마음으로 한국 기업
에 투자하는 것에 큰 자부심을 느낀다. 그래서 이러한 투자 환경을
만들어준 기업인과 직원, 그리고 기업과 연관된 수많은 이해관계
자들에게 늘 감사한 마음을 갖고 있다.

기업의 성장은 왜 주주의
이익이 되지 못하는가

역사적으로 세상의 변화를 이끌어온 리더는 주식회사 제도와 증

008 주주권리가 없는 나라

권시장을 잘 활용한 기업과 나라들이다. 과거에는 네덜란드와 영국이 그랬고, 지금은 미국의 주주 자본주의가 세상을 이끌어가고 있다. 우리나라도 전 세계의 주목을 받는 자랑스러운 기업들을 많이 보유하고 있으며, 그 기업의 성과를 공유할 수 있는 증권시장 시스템도 잘 갖추고 있다.

문제는 그것이 제대로 작동하고 있지 않다는 데 있다. 기업가치에 따라 주주가치도 함께 올라가며 시너지가 나야 하는데 현실은 그러지 못하다. 일부 지배주주의 이해관계에 따라 주가의 흐름이 바뀌거나 기업 거버넌스 문제로 선량한 투자자들이 손해를 입는 사례가 끊임없이 발생하고 있다. 그 결과는 어떠한가? 일부 소수 집단만이 자본시장에 참여해서 성과를 누렸으며 '코리아 디스카운트'라는 불명예의 족쇄에 매이게 됐다.

하지만 이제는 달라져야 한다. 코로나19 팬데믹 이후 주식투자 인구가 1,400만 명에 이를 정도로 늘어났다. 국민연금까지 포함하면 전 국민이 직간접적으로 투자하고 있는 셈이다. 게다가 해외 주식투자 인구가 늘어남에 따라 우리의 기업문화와 주식시장에 대한 문제점 인식이 더욱 명확해졌다. 그리고 주주들은 적극적으로 개선의 목소리를 내고 있다.

나는 농부가 농사를 짓는 마음으로 투자를 해왔다. 좋은 씨앗을 골라 적절한 시기에 뿌리고 잘 가꿔서 가을에 수확하듯이 긴 안목으로 투자하는 주식농부의 삶을 살아왔다. 한때는 10개 기업에

5% 이상의 지분을 갖고 있었다. 그중 조광피혁과 한국경제TV는 10년 이상, 국보디자인과 아이디스홀딩스는 각각 8년과 5년 이상 투자해왔다. 이들 회사는 내가 투자한 기간에 큰 성장을 이루었다. 하지만 주가는 기업의 가치에 비해 터무니없을 정도로 저평가되어 있다. 이는 많은 이들이 믿음을 갖지 못한 결과다. 기업이 성장하고 발전하는데도 나에게 이익이 되어 돌아오지 않으니 당연한 수순일지 모른다.

기업의 이해관계자들은 각자 다른 생각을 하고 있는 듯하다. 특히 지배주주나 경영진 중에는 주가가 오르는 것을 반기지 않는 이들도 일부 있다. 그들의 이해관계에 득이 되지 않는다고 생각하기 때문이다. 특히 자본시장의 수혜를 입어 성장한 후 더 이상 자본을 조달할 이유가 없는 회사들은 더욱더 그렇다. 그들은 자신만의 구중궁궐을 만들어 대대손손 그 부를 누리려고만 한다.

시장 참여자들도 이들 기업의 상속과 증여, 그리고 '오버행 이슈(언제든지 매물로 쏟아질 수 있는 잠재적인 과잉 물량 주식)'를 문제 삼아 투자를 꺼린다. 상황이 이렇다 보니 기업의 가치에 대비해 주가는 저평가 국면에 머물 수밖에 없다. 문제는 해당 기업의 미래를 믿고 오랫동안 함께해온 선량한 투자자만이 이러한 사실을 깨닫고 안타까워하고 있다는 점이다. 이것이 우리나라 자본시장의 슬픈 현실이다.

건전한 투자 환경 조성을 위해
투자자와 경영자 모두 혁신해야 한다

우리는 자본주의 시대에 살고 있다. 우리 앞에 놓인 현실이 이렇게 암울하다 해도 기업의 동반자로 살아가면서 한 줄기 빛을 찾아야만 한다. 우리가 직접 바꿔야 하고 우리 스스로가 달라져야 한다. 누구도 이를 대신해 주지 않는다.

우선 건전한 기업 활동과 투자 환경을 조성하기 위해서는 투자자들의 역할이 매우 중요하다. 주주로서 내가 투자한 회사가 건강하게 성장할 수 있도록 견제하고 농부의 마음으로 투자하면서 성과를 공유해야 한다.

지배주주나 경영자의 철학과 마인드도 바뀌어야 한다. 회사가 어려울 때 믿고 투자하고 기다려준 투자자들을 동반자로 생각하면서 함께 성장할 방법을 고민해야 한다. 그래야만 투자 환경과 기업 거버넌스에도 긍정적인 변화가 생겨나고 선순환 구조가 마련될 것이다.

마지막으로 글로벌 선도 기업들을 필두로 코리아 프리미엄 시대를 열어가기 위해서는 투자자 보호제도를 완비해서 자본시장의 선진화를 이뤄내야 한다. 기업의 가치가 주주의 가치로 귀결되는 시장을 만드는 것이 우리의 책임이자 의무다. 그래야 우리 기업이 세계 시장에서 경쟁력을 잃지 않고 지속적으로 성장할 수 있다. 이는 기업의 경쟁력에 따라 국가 간 힘의 균형이 달라지는 세상에서 대한민국이 살아남을 수 있는 유일한 길이다.

앞서 '한국 증시는 주주 배신의 역사'라는 과격한 표현까지 쓴데는 이유가 있다. 문제의 본질을 정확하게 알아야 제대로 된 처방을 할 수 있기 때문이다. 부디 이 책이 우리나라 자본시장을 한 단계 업그레이드시키고 투자자와 기업이 함께 성장하고 발전하는 계기가 되기를 바란다.

주주권리를 위해 시작된
작은 한 걸음이 큰 물결이 되기를

이 책은 총 4개의 장으로 구성되어 있다. 첫 번째 장에서는 왜 한국의 주식투자자들이 고통받고 있는지 그 이유를 들여다보고, 두 번째 장에서는 고질병을 앓고 있는 한국의 주식시장을 분석했다. 세 번째 장에서는 주주가치를 훼손하는 8가지 치명적 문제를 조명하며 해결책을 제시하고, 네 번째 장에서는 투자자가 주인이 되는 주주 민주주의 실현을 위한 7가지 제언을 담았다. 이를 통해 그동안 선량한 투자자들을 외면하고 우롱한 다양한 사례와 그 속에 숨어있는 불편한 진실들을 밝혀내고자 노력했다.

그러나 사례를 살펴보는 것으로 끝내서는 안 된다. 그것을 반면교사 삼아 깨달음을 얻고 변화의 계기를 마련해야 한다. 물론 이책에서 제기하는 문제와 제언으로 한국 자본시장의 체질이 근본적으로 바뀔 거라고 보지는 않는다. 다만 투자자라면 한국사회에서 주주권리가 불평등하게 다뤄지고 있다는 사실을 명확히 인식할 필요가 있다. 모든 변화는 올바른 현실 인식에서 시작되기 때문이다. 실제로 지금 주주들은 그것을 바로잡기 위해 적극적으로 행동하고 있다.

이 책이 나오기까지 함께 애써주신 분들이 참 많다. 우선 책의 공저자이자 한국기업거버넌스포럼을 이끌고 계신 김규식 회장님과 위원님들에게 감사 인사를 전한다. 주주의 비례적 이익을 명확하게 설명해 주신 경북대 법학전문대학원 이상훈 교수님과 머니투데이방송 유일한 부장님, 주식투자 전도사 존 리 대표님, 한국주식투자자연합회를 이끌고 계신 정의정 대표님, 함께 고민을 나누고 원고 감수를 맡아주신 구성훈 박사님께도 감사의 말씀을 전한다. 무엇보다 이 책이 나오기까지 많은 용기와 희망을 주신 수많은 대한민국 투자자와 자본시장 선진화를 위해 노력하고 계신 선각자들에게도 감사의 마음을 전한다.

사실 이 책이 나오기까지 고민이 많았다. 우리의 불편한 기업문화와 관행, 자본시장의 여러 가지 문제점들을 지적하고 독자들에게 알리는 일은 쉽지 않은 일이었다. 누군가에게는 불편한 얘기가 될 수 있는 일이지만 누군가는 반드시 해야 한다고 생각했다. 주식회사의 약속이 잘 지켜지고 증권시장이 잘 작동되면 대한민국은 세계에서 가장 잘사는 나라, 국민이 될 수 있다는 확실한 믿음과 신념, 담론이 있었기에 가능했다.

중도에 많은 분에게 자문도 구했다. 나도 투자자의 한 사람으로서 편견을 가질 수 있다고 생각했다. 큰 틀에서 뼈대는 구축했지만 어떻게 쉽게 우리의 기업문화와 자본시장의 여러 가지 문제점을 설명할 수 있을지 고민도 많이 했다. 정재연 팀장이 이끄는 박준형, 박혜주, 최정진 연구원의 노력이 없었다면 아마 이 책은 세상에 나오지 못했을 것이다. 젊은 사람들의 얘기를 많이 듣고자 노력했다. 다시 한번 정재연 팀장에게 진심으로 감사를 드린다.

오랜 시간에 걸쳐 이 책이 나올 수 있도록 아낌없이 지원해 주신 센시오 출판사의 김재현 대표님과 편집인에게도 감사를 드린다. 부디 이 책이 농부가 농사짓듯 투자해도 기업의 성과를 공유할 수 있는 투자 환경과 문화가 갖추어지고 세계가 부러워하는 선진 자본시장이 되는데 밀알이 되었으면 한다.

주식농부 박영옥

1,400만 투자자의
행복한 '동행 투자'를 꿈꾸며

필자는 변호사로 일하다가 2015년 말 상장주식에 주로 투자하는 자산운용사에 들어가면서 투자업계로 전직하였다. 변호사 시절에도 주로 투자금융 혹은 M&A 거래를 자문하였지만, 실제로 투자업을 겪어 보니 주주권리 침해 사례가 거의 매일 일상적으로 벌어지고 있음에 정말 놀라게 되었다. 필자도 여러 번 지배주주의 부당한 사익편취 거래로 손실을 보았다.

같이 일하는 노련한 펀드매니저에게 주주권리 침해가 벌어지는데 왜 가만있느냐고 물었더니, 한국 증시는 원래 이렇게 굴러간다며 뭘 해봐야 '계란으로 바위 치기'라는 대답이 돌아왔다. 하지만 필자는 변호사를 하던 직업적 본능에 그냥 넘어갈 수가 없었다. 다른 나라는 어떻게 하는지 궁금했다. 필자 스스로 자본 손실을 입을 때마다 분기탱천해서 구글과 관련 논문을 열심히 뒤져봤다. 정말 놀라웠다. 다른 나라에서는 이런 식의 말도 안 되는 주주권리 침해가 원천적으로, 구조적으로 차단되어 있었다.

합.의.물.자.자.수.집.증.이라는 8개 두문자 말이 이렇게 만들어졌다. 공부할수록 한국 증시는 구조적으로, 법·제도적으로, 정교하고 치밀하게 지배주주가 일반주주를 수탈할 수 있도록 제도적으로 보장되어 있다는 생각이 들었다. 물론 주주를 기업의 주인으로 존중하고 성실하게 경영하는 기업인들도 많다. 그러나 법과 제도는 일반주주의 이익을 강탈하기 쉽게 만들어져 있었다.

일반적으로 글로벌 자본시장에서 주식 수익률은 회사채 수익률의 2배 정도 요구된다. 만일 그 회사채 수익률이 5%라면 주주에게는 10%의 보상(배당, 자사주 소각, 주가 상승)을 해야 한다. 그러나 우리 자본시장에서 주주로부터 투자받은 자본은 공짜라는 관념이 지배하고 있었다. 정말 황당할 따름이었다.

글로벌 스탠다드에서 동떨어져 주주권리 수탈이 제도적으로 보장된 현실을 여러 자본시장 참여자에게 알리다 보니 개혁을 열망하는 전문가 그룹을 만들어야겠다는 생각이 들었다. 그렇게 2019년 말에 뜻을 같이하는 분들과 한국기업거버넌스포럼을 만들었다.

우리는 이미 10대 경제 대국이고 선진국 반열에 들어섰다. 하지만 전세 보증금 채무까지 포함하면 세계에서 가장 높은 가계부채 비율, 세계에서 부동산 자산 비중이 가장 높은 나라, 세계 최저의 출산율, 세계 최고의 청소년과 노인 자살률, 세계 최고의 교육비 비중 등 수많은 사회 문제들에 직면해 있다. 이 모든 문제의 탈출

구가 기업 거버넌스와 연결되어 있다고 해도 과언이 아니다. 기업 거버넌스 문제의 해결 없이는 희망도 없다.

국민 모두가 앞장서 기업 거버넌스를 글로벌 스탠다드에 맞게 개혁하고 코리아 디스카운트를 해소해야 하는 이유다. 이 책이 국민 모두가 상생 공영하는 나라를 만드는 데 조금이나마 보탬이 되길 진심으로 소망한다.

김규식

왜 한국의 주식투자자들은 고통받고 있는가

WITHOUT
SHAREHOLDER RIGHTS

문전박대 당하는
기업의 주인들

"자본시장은 서민의 희망이다."

내가 '주식농부'로 사람들에게 알려질 무렵부터 줄곧 강조해 온 말이다. 자본주의 사회에서는 내가 가진 돈이 스스로 일하게 해야 부자가 될 수 있다. 그 돈이 일하기 가장 좋은 일터가 바로 기업이다. 내가 '농부처럼 투자하라'고 이야기한 것은 일확천금을 노리거나 노력 없는 대가를 바라라는 말이 아니다. 농부가 작물에 관해 공부하고 씨앗을 뿌리고 가꾸면서 열매가 열릴 때까지 기다리듯이 기업을 열심히 공부하고 차근차근 시간에 투자하는 것이 성공적인 투자의 지름길이라는 의미다. 이러한 관점에서는 동행하는 기업 5개만 있어도 서민의 노후가 든든해지고 희망이 될 수 있다고 믿는다.

자신이 주인인 줄 모르는
한국의 투자자들

많은 이들이 '주식투자를 하면 패가망신한다', '주식을 하지 않는
게 돈 버는 길이다'라는 말을 한다. 그러나 나는 그렇게 생각하지
않는다. 여러 불합리한 점이 있으나 여전히 기업은 돈이 일하기 가
장 좋은 곳이다. 우리의 경제적 희망도 기업에서 찾을 수 있다. 내
가 오늘날 '주식농부'가 될 수 있었던 것도 바로 우리 기업의 성장
을 의심하지 않고 미래를 믿었기 때문이다. 그 믿음을 토대로 어려
움이 닥쳐와도 주저하지 않고 투자를 지속해 왔다.

그 결과 지금은 100여 개가 넘는 기업의 투자자로서 주인이 되
어 그들과 함께 성과를 공유하며 살고 있다. 그 과정에서 더 많은
이들이 투자를 통해 기업의 성과를 공유하고 함께 희망을 품고 살
길 바라는 마음을 갖게 되었다.

자본주의 사회는 주로 기업을 통해 성장한다. 실제로 관련 통계
를 보면 IMF 이후 국가나 가계가 2~3%밖에 성장하지 못할 때도
기업은 10% 이상 성장을 이뤄냈다. 이는 기업이 집단 지성과 첨단
기술의 발전에 힘입어 끊임없이 혁신을 거듭하였기에 가능했던
일이다. 과거에도 그랬고 앞으로도 우리가 기업의 성과를 공유해
야만 하는 이유다.

일반 국민이 기업의 성과를 공유하는 방법은 바로 주식투자를 통해 주주가 되는 것이다. 우리 삶을 지탱하는 기업의 주주가 되어 기업이 성장할 수 있도록 자본을 투자하고 그 성과를 나누어 갖는 것이다. 이것이 주식투자의 본질이기도 하다. 하지만 현실은 녹록지 않다. 주식투자자 1,400만 명의 시대라 하고, 국민연금을 포함하면 국민 대다수가 직간접적으로 주식투자에 참여하고 있지만, 일반주주들은 정작 자본시장의 정의나 존재 이유에 대해서는 잘 모른다. 무엇보다 심각한 문제는 자신이 주인인 줄 모르는 투자자들이 대다수라는 사실이다. 그러다 보니 우리나라에서 일반주주들이 설 자리가 없는 것은 당연한 일일지 모른다. 주인이 찾지 않는 권리가 제 발로 찾아오는 것은 이상에 가깝다.

한국 자본시장은 어떻게 주주를 외면하고 있나

이상과 달리 우리의 자본시장은 아직 신뢰를 바탕으로 한 시스템이 구축되어 있지 않다. 신뢰가 가장 기본이 되어야 하는 자본시장에서 기업을 믿고 투자한 주주들은 무시당하기 일쑤다. 주주의 권리는 물론이거니와 비례적 이익도 제대로 보호받지 못한다. 일례로 주주환원율* 만 봐도 알 수 있다.

---

* 주주환원율은 당기순이익에서 배당금 지급액과 자사주 취득액이 차지하는 비중을 의미한다. 쉽게 말해 기업이 남긴 이익을 얼마나 주주에게 돌려주는가를 나타내는 숫자다.

최근 10년간 세계 각국의 주주환원율을 보면 미국이 92%에 이르고, 미국을 제외한 선진국이 68%, 개발도상국가는 38%, 중국은 32% 수준이다. 한국은 어떨까? 고작 29%에 불과하다. 29%라는 숫자가 말해주듯 우리나라에서 주주들은 기업이 망하면 투자금을 잃는 위험을 고스란히 감수하면서도, 기업이 이익이 날 때는 제대로 나눠 갖지 못한다. 게다가 이런 불합리한 일을 구제할 제도마저 미비하다.

우리나라의 현실은 대만과 비교해보면 쉽게 알 수 있다. 대만은 GDP와 인구수 모두 우리나라의 절반 수준인 나라다. 하지만 최근 몇 년 사이 반도체 산업 경쟁력 강화 등에 힘입어 비상하더니 1인당 GDP가 한국을 추월할 정도로 성장했다. 이뿐만 아니다. 2022년 대만 상장사의 전체 시가총액도 한국을 넘어섰다.

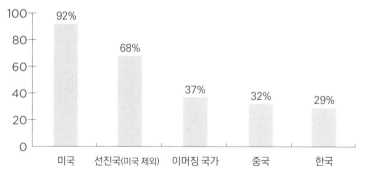

국가별 총주주환원율 비교_2012년~2022년 10년 평균

출처: KB증권 '미국시장 특징과 장기성과 분석 보고서' 중

유가증권시장 투자지표 현황

구분 [1]		PER(배)	PBR(배)	배당수익률 (%)
한국		11.3	0.9	2.2
선진국	미국	20.4	4.2	1.6
	일본	16.3	1.4	2.4
	영국	11.0	1.7	4.3
	프랑스	13.8	2.0	2.8
	전체 [2]	17.9	2.9	2.2
신흥국	중국	13.7	1.4	2.6
	대만	12.6	2.2	4.4
	인도	23.6	3.2	1.4
	브라질	5.5	1.5	7.6
	태국	22.5	1.9	2.9
	전체 [2]	12.5	1.6	3.2

1) 한국은 KOSPI200 기준이며, 해외 주요시장은 MSCI 국가지수 기준
2) 선진국 전체에는 23개국, 신흥국 전체에는 24개국 포함

출처: 한국금융 2023.05.03. 기사 중/자료제공= 한국거래소

이런 일이 어떻게 가능할까? 나는 그 원인을 주주환원율 차이에서 찾는다. 대만의 주가지수인 자취안 지수(TAIEX)의 주주환원율은 65%로, 이는 선진국(미국 제외) 수준인 68%와 거의 차이가 없다. 상장사 전체의 배당수익률은 4.4%나 된다. 반면 우리나라의 배당수익률은 고작 2.2% 수준이다. 대만의 주가순자산비율(PBR)이 우리나라보다 2배 이상 높을 수밖에 없는 이유다. 이는 대만의

주식시장이 우리의 주식시장보다 2배 이상의 가치로 평가받는다는 것을 의미한다. 혹자는 한국 주식시장이 전쟁 가능성 때문에 디스카운트 되었다고 말하지만 대만 역시 중국과의 전쟁 가능성이 항상 있어 지정학적으로 불리한 건 마찬가지다. 결국 그 원인은 외부가 아닌 내부에 있는 것이다.

대만은 배당성향*도 높다. 삼성증권에 따르면, 2021년 대만 기업들의 평균 배당성향은 52%인데 반해 우리나라 기업들은 19%에 불과했다. 또한 대만의 자기자본이익률(ROE)은 17.3%로 한국의 8.2%에 비해 2배 이상 높았다. 이는 무엇을 뜻할까. 우리 기업들은 대만 기업들과 달리 이익이 나면 주주에게 배당도 하지 않고, 그 일부는 재투자도 하지 않은 채 돈을 쌓아놓고만 있다는 의미다. 그럼 왜 이렇게 쌓아두기만 하는 것일까? 후에 설명하겠지만 우리 기업은 그 이익을 지배주주를 위해 사용하는 경우가 많다.

글로벌 투자자 시선으로 보면 어느 자본시장이 매력적으로 보일까. 당연히 대만일 것이다. 비슷한 조건이라면 같은 돈을 넣어도 더 많이 되돌려 주는 쪽에 투자하는 것이 합리적이다. 그래서 대만으로는 계속해서 외국 자본이 유입될 가능성이 크다. 이렇게 모인 투자금에 기반하여 일궈낸 혁신은 기업의 성장을 이끌며 더욱 승승장구할 것이다.

---

* 배당성향은 당기순이익 중 현금으로 지급된 배당금 총액의 비율을 말한다.

반대로 자본시장 매력이 떨어지는 곳은 어떻게 될까. 우리 자본시장만 봐도 쉽게 알 수 있다. 투자자들의 신뢰를 받지 못한 결과 저평가의 늪에서 빠져나오지 못하고 있다. 그러다 보니 돈이 부동산과 해외시장으로만 몰리게 된다. 이러한 악순환이 반복되면 우리 기업들은 자본 조달이 어려워지고 새로운 도전을 할 원동력을 상실하고 만다. 기업의 경쟁력이 떨어지면 국가의 경쟁력이 떨어지게 되고 국가와 국민의 살림살이도 쪼그라들 수밖에 없다. 그렇기에 자본시장의 수준이 나라의 미래라고 말하는 것이다. 왜 세계 최고 기업이 몰려 있는 미국 주식시장에 전 세계 투자금이 몰려드는지 떠올려 보면 금방 이해할 수 있을 것이다.

낙제점 수준의 자본시장을 바꾸기 위해서는

우리의 인생은 점점 더 길어지고 있다. 이제는 100세 시대를 넘어 120세 시대를 말한다. 그동안 우리나라는 국민 소득 3만 달러를 달성하며 세계 10대 경제 강국 반열에 올랐으나 대다수 국민의 삶은 그리 평안하지 않다. 나라가 부를 달성했다고 해서 국민 개개인이 부자가 된 것은 아니다. 국민 대다수는 노후 준비조차 제대로 하지 못한 채 정년을 맞고 있다.

이처럼 절박한 상황에서 더 많은 국민이 경제적으로 자유로워지기 위해 할 수 있는 최선의 방법은 무엇일까? 바로 기업의 성과를 공유하도록 만드는 것이다. 말 그대로 간단명료하다. 하지만 현실은 냉혹하다. 우리나라 기업들은 여전히 주주가치 제고를 위한 노력이 부족하며 주주들은 성과를 제대로 공유받지 못한다. 투자자들 사이에서는 한국 기업과는 동행할 수 없다는 부정적인 인식이 팽배하고, 자본시장과 기업은 불신의 대상이 되었다. 이에 더해 주식투자는 단기적으로 사고팔아야 돈을 벌 수 있다는 잘못된 생각들이 모여 역동적인 투전판으로 변질되어 버렸다.

그 결과 한국 자본시장은 만년 저평가 신세를 면치 못하고 있으며 국민에게 외면받고 있다. 순자산가치가 1조 원인 기업이 시가총액 4,000~5,000억 원대에 거래되고, 5,000억 원 가치를 인정받아야 할 기업이 2,000~3,000억 원대에 거래되는 사례가 수두룩하다. '물 반 고기 반'이 아니라 고기만 잔뜩 있는데도 이상하게 투자자들은 이를 취하려 들지 않는다. 한국의 자본시장에서만 볼 수 있는 이상한 현상이다.

그렇다면 이 악순환의 고리는 어떻게 끊어야 할까? 나는 이에 대해 수많은 고민을 해왔다. 자본시장 시스템을 고치는 게 우선인가, 기업인들의 인식을 변화시켜야 할까, 그것도 아니면 투자자들을 계몽시켜야 하는가. 우선 기업과 제도가 바뀌어야 한다는 것이 나의 결론이다. 물론 우리의 투자 문화도 달라져야 한다. 참으로 다행스럽게도 최근 들어 많은 이들이 우리 자본시장과 기업의 문제를 알고 변화를 요구하기 시작했고, 주식투자 문화를 바꾸기 위해 목소리를 높이고 있다. 하지만 아직 갈 길이 먼 것도 사실이다. 세계는 지금 K-컬처라 불리는 한류 문화에 주목하고 한국을 배우려 하지만 정작 K-자본시장은 낙제점 수준이다.

이제는 바뀌어야 한다. 투자 환경을 바꾸기 위해 기업인들의 인식 변화와 더불어 법과 제도의 개선이 필요하다. 이와 함께 주주들 역시 목소리를 내야 한다. 주주들이 더 이상 소외되고 외면당하는 존재가 아니라 진정한 기업의 주인이 되어야 한다. 투자하는 일이 기업을 돕고 응원하며 성과를 함께 공유하는 행위임을 증명해 보일 때만이 우리 자본시장을 투자 가치가 높은 건강하고 매력적인 시장으로 바꿔 나갈 수 있다.

주가의 등락에 집중하는 시간과 에너지를 조금만 덜어 내 투자 환경을 바꾸는 데 관심을 기울여 보자. 투자자들이 농부처럼 투자할 때 비로소 우리 자본시장이 개선됨은 물론이고 수익률도 지금보다 월등히 높아질 것이다. 나는 결과로 증명해 냈고 그렇기에 확신한다.

눈 뜨고 코 베이는
선량한 투자자들

　기차를 타고 가다 보면 특정 지점에서 열차 칸이 분리되어 갑자기 선로가 달라질 때가 있다. 만일 내가 탄 기차의 열차 칸이 갑자기 떨어져 나가 원하지 않는 방향으로 달린다면 어떨까? 혹은 내가 탄 열차 칸은 사고로 멈추고 앞쪽 칸들만 제 갈 길을 가는 상황이 벌어진다면 어떨까? 현실에서는 이런 일을 상상하기 어렵다. 기차가 내가 가고자 하는 목적지를 벗어나 그와 무관한 곳에 나를 내려놓을 일은 거의 없기 때문이다. 그런데 이런 일이 우리나라 주식시장에서는 버젓이 일어나고 있다.

SK이노베이션과 LG화학의 물적분할*이 바로 그 사례 중 하나다. 이들 기업의 일반투자자들은 본인의 의사와는 상관없이 기차가 분리되어 내가 탄 열차는 멈춰 서고, 앞쪽 칸만 원래 목적지로 달려가는 걸 멀뚱히 보고만 있어야 했다.

일반주주 뒤통수 치는 '물적분할 후 동시상장'

2021년 9월 SK이노베이션이 핵심 미래 사업이었던 배터리 부문을 물적분할을 통해 SK온(ON)으로 분사시켰다. 즉 SK이노베이션의 알짜 사업을 떼어 내 SK온이라는 자회사를 새로 만든 것이다. 그 결과 30만 원대였던 SK이노베이션 주가가 10만 원대까지 하락하고 일반주주들이 큰 피해를 보게 되었다. 단지 그 요인만 있었던 것은 아니지만 알짜 사업부를 분사시키면서 차후 상장시킬 것이라는 우려가 반영된 것은 자명하다. 그 알짜 자회사가 상장되면 모회사 주주들이 그 자회사의 주식을 배정받지 못한다는 사실을 불 보듯 뻔히 알기에 투자자들이 떠나버린 것이다. 해당 알짜 사업부를 보고 투자했는데 이제는 그 회사의 주식을 다시 사야 하는 말도 안 되는 일이 벌어질 수도 있다.

SK온이 상장되면 SK이노베이션의 지배주주는 물적분할로 떼

---

* 모회사의 특정사업부를 신설회사로 만들고 이에 대한 지분을 모회사가 100% 소유하여 지배권을 행사하는 기업 분할의 한 형태를 말한다.

어 낸 SK온의 경영권을 그대로 유지한 채로 대규모 신규 자금을 유치할 수 있게 된다. 그것도 알짜 사업이라는 프리미엄을 얹은 채 말이다. 지배주주 입장에서는 '꿩 먹고 알 먹고'다. 하지만 일반주주 입장에서는 어떨까.

알짜 사업부인 배터리 부분이 성장할 때까지 인내하며 기다리고 있던 SK이노베이션의 일반주주들은 SK이노베이션이 알짜 사업부를 떼어 내면서 자신들이 가지고 있던 모회사 주식이 반 토막나는 현실을 고스란히 감당해야 했다. 지배주주가 핵심 사업부를 물적분할하여 열매를 얻는 동안 일반주주는 손 놓고 보고만 있어야 하는 셈이었다.

SK이노베이션의 물적분할로 일반투자자들은 피눈물을 흘렸다. 아래 2021년 8월 청와대 국민청원 게시판에 올라온 글의 일부다.

"주주 자본주의를 해치는 대기업(SK이노베이션)의 횡포에 대해 정부의 고민을 촉구합니다. 기나긴 배터리 분쟁으로 일반주주들은 마음을 졸여왔는데, 분쟁을 끝내자마자 이제는 성장성이 높은 배터리 부분만 따로 떼어 내어 기존 주주의 뒤통수를 치는 행동을 하고 있습니다."

이러한 사례가 비단 SK이노베이션만은 아니다. 최근 들어 핵심사업을 물적분할 후 자회사를 상장하여 모회사의 지배주주가 일반주주의 몫을 앗아가는 일이 기업들 사이에 유행처럼 번지고 있다.

2020년 9월에는 'LG화학-LG에너지솔루션 물적분할 결정' 이 슈도 있었다. LG화학이 2차전지 사업부를 LG에너지솔루션으로 물적분할 후 상장하자, 100만 원에 육박하던 모기업 LG화학의 주가는 순식간에 반 토막 났으며 알짜 사업인 2차전지 배터리를 잃은 LG화학은 이제 빈껍데기에 불과하다는 말까지 나왔다. 지난 20년간 LG화학이 육성한 2차전지 사업의 미래 가능성을 보고 투자했던 장기 투자자들은 악재 이상의 깊은 배신감과 좌절감을 느낄 수밖에 없었다.

이러한 일이 아무렇지도 않게 벌어지는 것은 우리 자본시장 자체가 공정하지 않다는 방증이기도 하다. 그동안 우리 사회 각 분야에서 혁혁한 민주화가 진행되었으나 자본시장만큼은 민주화의 사각지대로 여전히 남아 있다. 이대로라면 아무리 좋은 의도로 일등 기업에 투자해도 소용없다. 주주가치를 훼손시키고자 하는 기업에 장기적인 투자 안목은 사치일 뿐이다.

주가를 반 토막 내는 더블 카운팅

최근 2년간 주요 회사들의 물적분할 후 자회사 상장 사례에서 보듯이 대부분 모기업의 주가 하락으로 모기업 주주들이 큰 피해를

더블 카운팅으로 인한 모회사 주가 하락 사례

회사명	공시일	자회사 상장일	모회사 주가 변동률 (기준 : 자회사 상장일로부터 1년)
SK케미칼- SK바이오사이언스	2021.02.05.	2021.03.18.	−45.3%
SK이노베이션-SK IET	2021.03.31.	2021.05.11.	−28.0%
카카오-카카오뱅크	2021.06.28.	2021.08.06.	−45.5%

보았다. 이 문제의 원인은 결국 '더블 카운팅(double counting)'* 이 슈에서 비롯된다. 모회사와 자회사가 동시상장되면 수급이 알짜 자회사로 쏠리는, 즉 더블 카운팅 이슈가 발생하여 모회사의 주가가 떨어지는 문제가 발생한다.

이해하기 쉽게 가상의 예를 들어보자. 가령 엔터테인먼트 기업 하이브에서 매출의 70%를 차지하는 BTS와 관련된 사업만 따로 분리해서 별도의 자회사를 만든다고 가정해 보자. 그리고 이 회사를 상장시킨다면 과연 기존의 모회사인 하이브는 지금과 같은 주가를 인정받을 수 있을까? 하이브의 가치가 종전 가치보다 디스카운트될 것은 불을 보듯 뻔하다.

이처럼 알짜 자회사를 물적분할하고 이 회사를 상장시키는 순간, 시장은 해당 사업부의 가치를 분할한 자회사의 주가로 평가한

---

* 이중 기업가치 계산이라고 하여, 모회사와 자회사를 동시에 상장할 때 두 기업의 가치가 중복 계산되는 것을 말한다.

다. 즉, 모기업은 자회사의 가치가 빠져나간 빈껍데기로 간주되어 주가가 하락할 수밖에 없다. 이러한 기이한 현상들이 우리나라에서는 자주 목격된다. 자회사 동시상장 후 1년 동안의 주가 추이를 보면 참담할 따름이다.

HD현대그룹의 물적분할 후 동시상장도 더블 카운팅의 사례 중 하나다. 최상위 지주회사였던 현대중공업지주는 대우조선해양 인수를 위해 자회사 (구)현대중공업을 물적분할했다. 존속회사는 HD한국조선해양으로 사명을 변경하고 분할한 신설법인은 HD현대중공업이 되었다. 즉 최상위 지주회사 현대중공업지주 밑에 중간지주회사 HD한국조선해양, 그 밑에 HD현대중공업이 있는 구조다. 그 이후 HD한국조선해양은 HD현대중공업을 유가증권시장에 상장시켰다.

물적분할 당시 공시를 통해 HD현대중공업을 상장하지 않겠다고 공언했으나 대우조선해양 인수가 무산되자 기존 계획과 달리 HD현대중공업을 상장시킨 것이다. 결국 기존 주주들의 권리는 훼손될 수밖에 없었다. 실제로 HD현대중공업 상장으로 HD한국조선해양 주가는 고점 대비 −45.3%까지 급락하기도 했다(21년 8월 10일 공시 기준, 23년 1월 3일 저점 기준). 주가 하락의 요인은 역시나 더블 카운팅이었다. 지주회사 HD한국조선해양과 주요 사업을 영위하는 자회사 HD현대중공업이 동시에 상장되어 있다 보니 투자자들이 굳이 HD한국조선해양에 투자할 이유가 없어진 것이다.

기존의 HD한국조선해양(구 현대중공업) 주주들은 기가 찰 노릇이었다. 회사를 믿고 투자했는데 재주는 곰이 부리고 돈은 되놈이 받는다고 그 이익은 다른 누군가가 가져간 셈이 되었다.

기업들 물적분할 관행, '극단적 모럴 해저드'

한국 기업들의 이러한 물적분할을 두고 '극단적인 모럴 해저드'라고 성토하는 목소리가 높다. 한국주식투자자연합회(한투연) 정의정 대표는 한 간담회에서 세계적으로 유례를 찾아보기 힘든 물적분할이 한국에서만 들불처럼 번져 일반주주들의 권리를 빼앗고 해당 기업의 주가가 폭락하는 사태가 이어지고 있다며 기업들의 도덕적 해이를 비판했다. 1,400만 명 일반주주를 가난하게 만들고 지배주주만 안정적인 지배력을 확보하는 이러한 물적분할은 정 대표의 발언처럼 '일반주주의 권리를 짓밟는 전근대적 행태'임에 틀림없다.

사실 '모자회사 동시상장'은 주로 한국에서만 볼 수 있는 대단히 특이한 현상이다. 미국을 비롯한 금융 선진국에서는 이런 사례가 거의 없다. 구글의 모기업인 알파벳은 수많은 자회사를 거느리고 있다. 하지만 '알파벳 그룹'에서 상장사는 지주회사인 알파벳밖에 없다. 구글은 알파벳이 지분을 100% 보유한 비상장기업으로 남아 있다. 알파벳이 구글을 떼어 내어 상장한다고 가정해 보자. 알파벳 주주들은 어떻게 되겠는가. 페이스북(메타)도 엄청난 매출을 내는 자회사 인스타그램을 떼어 내 상장시키지 않는다. 유독 한국의 일부 기업들이 특이한 행태를 보이고 있다.

한국의 자본시장은 지배주주 중심으로 운영되는 기업 비중이 높다. 그리고 그들의 이익을 극대화하기 위한 관행이 반복되면서 투자자들로부터 불신을 받고 있다. 그런데 이걸 막을 제도적 장치가 아직 없다. 주식투자가 단기적으로 사고팔아야 돈을 벌 수 있는 투전판으로 변질된 것도 이 때문이다. 일반주주를 보호할 제도적 장치가 없다 보니 일부 기업이 이를 악용해 지배주주에게만 이익이 되는 결정을 하고, 이로 인해 투자자들은 장기 투자를 하지 못하는 악순환이 반복된다. 시장의 구조가 단기 투자만 하게끔 잘못 고착된 셈이다.

다행히 최근 금융당국은 물적분할 시 기업 구조조정 계획을 사전에 공시하고, 물적분할에 반대하는 주주에게 주식매수청구권을 보장하는 내용으로 제도를 개선하기로 방침을 정했다. 하지만 분할 회사에 대한 신주우선배정권이 빠진 대책이라는 점에서 반쪽짜리 해법이라는 소리가 나온다.

이렇듯 우리나라 자본시장 시스템은 선진국에 비해 매우 열악하다. 아직 갈 길이 멀다는 뜻이다. 다행히도 최근 몇 년 사이 일반투자자들이 대거 가세한 것은 상당히 고무적인 일이다. 건전한 투자 문화를 만들어 나가는 데 지금보다 좋은 시기는 없다. 개인과 기업, 그리고 정부 모두 한마음으로 개선을 위해 노력해 나가야 할 것이다. 이 시기에 무엇보다 중요한 것은 일반투자자들이 주주로 대접받기 위해 늘 깨어 있고 적극적으로 행동해 나가야 한다는 점이다. 더 이상 눈 뜨고 코 베일 일이 없어야 한다.

우리 집에 기생충이
산다면

한 상장사가 자사 소유 건물에서 호텔을 운영 중이다. 이 호텔의 주요 행사 업무 중 하나는 결혼식으로, 보통 결혼식 행사 금액이 4,000만 원 선이라고 한다. 그중 식대는 2,400만 원으로, 이는 하객 1인당 식대가 8만 원이고 하객 수를 300명으로 책정할 때 나오는 금액이다. 그 외에 인건비 등 서비스 비용을 포함하여 시설 이용료에 해당하는 임대료가 600만 원이다. 그렇다면 나머지 1,000만 원은 어떤 비용일까? 놀랍게도 모두 꽃값이다. 꽃값이 임대료보다 훨씬 비싸고 내역 중 마진을 가장 많이 남기는 항목이라고 한다.

내가 이 회사에
투자한 주주라면

결혼식 비용 중 임대료보다 꽃값의 비중이 비정상적으로 높다는 데에 의구심을 표하면서도 소비자 대부분은 직접 불만을 토로하지 않는다. 어차피 지불하는 총액이 달라지지 않는다고 여기기 때문이다. 여기까지는 소비자의 입장이다.

그런데 만약 여러분이 결혼식 당사자가 아닌 이 상장사의 주주라면 어떨까? 주주 입장이라면, 임대료보다 높게 책정된 행사용 꽃을 누가 공급하느냐를 따져볼 필요가 있다. 만약 꽃을 공급하는 업체가 그 상장사 대표의 가족이 운영하는 회사라면 어떻겠는가? 또한 꽃이라는 상품이 원가 책정이 애매하다는 점을 이용해서 가격을 과대 책정하고 부당이익을 남기고 있다면 여러분은 어떻게 하겠는가? 더구나 이 호텔 사업이 적자를 내고 있다면, 이 사실을 알고서도 여러분은 가만히 있을 수 있는가?

더 큰 문제도 있다. 이 회사가 해당 호텔의 적자를 메우기 위해 흑자를 내는 동일 그룹사의 여러 빌딩을 합쳐 리츠* 상품을 만들어 팔 생각을 하고 있다. 이 리츠 상품에는 그룹 내에서 흑자를 내는 회사의 빌딩이 여럿 섞여 있는데, 정작 그 상품의 투자자들은 해당 호텔 빌딩이 적자인 것은 개의치 않는다. 자신들이 투자한 자금으

---

* 부동산 간접 투자 상품의 하나로, 공모를 통해 일반투자자들로부터 자금을 모은 후, 이 자금을 부동산과 부동산 관련 유가 증권에 투자한 뒤 운용 수익을 투자자들에게 배당하는 방식으로 운영된다.

로 누구의 배를 불려주고 있는지도 크게 관심을 두지 않은 채 단지 중수익을 안겨주는 상품에 만족할 뿐이다. 결과적으로 해당 호텔을 소유한 회사의 주주들이 묵인한다면 제2, 제3의 피해자가 계속해서 나올 수밖에 없다. 경영진의 배임 행위 또한 더 과감해질 것이 분명하다.

이는 가상의 사례지만 우리 현실에서 이미 이와 비슷한 일들이 버젓이 일어나고 있다. 과거에도 그랬고 지금도 그렇다. 우리가 무지한 사이에, 우리가 어찌할 바 모르고 포기한 사이에 수십 년에 걸쳐 공공연히 자행되어 왔다.

위의 사례로 돌아와서 당신에게 묻겠다. 당신이 이 회사에 투자한 주주라면 어떻게 하겠는가?

사적 편취의 통로, 지배주주의 터널링

앞서 언급한 사례처럼 지배주주들이 부당하게 이익을 빼돌리는 행위를 소위 '터널링'이라고 한다. 터널링은 주주가치를 훼손하는 여러 유형 중 하나로, 말 그대로 터널을 뚫어 이익을 빼돌리는 것을 뜻한다. 마치 내 집에 사는 기생충이 지하 통로를 통해 몰래 살림을 쏙쏙 빼가는 것처럼 말이다.

이는 소유와 경영이 분리되어 있지 않은 우리나라 기업들에서 흔히 발견된다. 지배구조에 따른 이점을 활용해서 특정 관계사에 일감을 몰아주거나 내부거래 등을 통해 이익을 탈취하는 것이다. 특히 그 관계사가 증여와 관련된 자녀 명의 회사라면 더 과감해진다. 정상적인 가격보다 비싸게 제품을 사 주거나 싼 가격에 물건을 넘기는 일도 서슴지 않는다. 과도한 대여금은 물론이고 회사의 각종 자원을 지원해 준다. 명목은 자식에 대한 사랑이지만 엄연히 불법 행위다. 혹자는 이게 무슨 문제냐고 한다. 만약에 해당 기업의 주주가 오너 한 명이라면 논쟁거리가 되지 않는다. 주주가 소수인 비상장사라면 그들만의 문제로 끝난다. 문제는 다수의 주주가 존재하는 상장사일 경우다.

상장사는 증권시장에 상장되어 불특정 다수의 일반투자자로부터 자금을 조달한다. 그래서 회사 경영에 대한 정보 제공, 투자자 보호, 윤리 경영 등 더 많은 의무와 책임이 부과된다. 소위 공인이 행동을 더 올바르게 해야 하는 것처럼 말이다. 그 의무와 책임의 정도는 지배주주의 지분율과는 무관하다. 지분율이 20%든, 90%든 간에 상장사라면 지켜야 하는 수준이라는 게 있다. 상장사라면 아무리 90%의 지분을 가진 지배주주라도 내 회사라는 생각으로 내 맘대로 경영할 수 없는 것이다. 그 회사를 자식처럼 애지중지하며 키웠다고 해도 마찬가지다.

이렇듯 상장사가 주주들이 가져가야 할 이익을 터널링을 통해 사적으로 빼돌리는 것은 불법이거니와 상식에서도 벗어난다. 하지만 아쉽게도 우리나라에서는 상식조차 통하지 않고 있다.

일례로, 공정거래위원회는 모 그룹이 계열사 간 일감 몰아주기를 통해 총수 일가에 부당한 이익을 제공한 점을 들어 약 10억 원의 과징금을 부과하고 관계자를 검찰에 고발했다. 당시 공정위는 A사의 대표가 100% 지분을 보유한 관계사 B사에 상품 결제 사이트의 광고 수입 등을 몰아주고, 상품 판매 수수료도 면제해 주었으며 기존 판매가보다 높은 가격을 책정해 마진율을 높여 주었다고 보았다. 이와 마찬가지로 대표가 100% 지분을 소유하고 있는 C사에도 콜센터 시스템 사용료와 유지보수비를 과다하게 지급하는 방식으로 총수 일가에게 이익을 몰아주었다고 판단했다.

하지만 A사는 이에 대해 공정위 판단이 부당하다면서 행정 소송을 제기했고, 대법원은 공정위가 제출한 증거만으로는 부당이익을 얻을 것을 단정하기 어렵다며 A사의 손을 들어주었다. 일감 몰아주기의 판단 기준을 완화한 셈이다. 그러나 일반주주에게 돌아가야 할 기업의 이익이 지배주주에게 귀속된 것은 명백한 부의 편취 행위다. 그 판단 기준이 강화되어야 마땅한데도 여전히 지나치게 모호한 듯하여 안타까울 뿐이다.

터널링은 대기업들만의 문제가 아니다. 오히려 중소·중견기업들에서 광범위하게 발생하고 있으며 그 심각성도 더하다. 자산이 5조 원 이상인 대기업의 경우 내부거래에 대해 공시해야 할 의무가 있고 공정거래위원회 등의 감시를 받으며 내외부의 견제 장치가 어느 정도 마련되어 있다. 이에 반해 중소·중견기업들은 공시

대상도 아닐뿐더러 공정위의 감시에서도 자유롭다.

상장사 D사도 논란이 되고 있다. 최근 모 기관의 지분참여로 논쟁이 시작된 것 같지만 사실 이 회사의 은밀한 만행은 과거부터 이어져 왔다. 지배주주 일가가 최대주주로 있는 관계사들이 상호출자와 내부거래를 통해 수익을 창출하고 있던 것이다. 그 방법은 아주 다양하다. 관계사 E사는 D사의 건물 관리 용역을 담당하는 회사로 E사 매출액 중 반 이상이 D사와의 거래에서 발생한다. 또 다른 관계사인 F사는 D사의 상품을 매입한 후 전방 고객사에게 매각하는 방식으로 수익을 올리기도 한다. 이뿐만 아니다. 빌딩 건설을 수주한 업체도 관계사였고, 의류사업에 필요한 박스를 납품하는 업체도 관계사다. 이렇게 관계사들은 모회사의 지원을 등에 업고 안정적으로 수익을 발생시켜왔다.

D사의 일반주주들 입장에서는 기가 찰 노릇이다. 관계사가 영위하는 사업을 D사도 충분히 할 수 있었을 것이기 때문이다. 결국 누군가의 이득을 위해 다른 누군가는 피해를 볼 수밖에 없었다. 문제는 이 회사의 총자산규모는 약 7,000억 원으로 공정거래법상 일감 몰아주기 규제 대상이 아니라는 점이다. 즉, 법에 저촉되는 사안이 아니다. 그러나 아무리 공정위 감시에서 벗어난다고 해도, 과도한 사익편취에 대해 도의적 비판까지 면할 수는 없다.

주주들을 울리는
수상한 면죄부

2022년 3월 나는 삼성물산 주식 27만 3,439주(지분율 0.15%)를 보유한 주주 자격으로 삼성물산에 주주서한을 보냈다. 주요 내용은 "자사주를 소각해 주가를 관리해 달라"는 요구였다. 주주로서 오랫동안 저평가받아 온 삼성물산 주가를 부양하기 위한 방안을 모색하고 이를 제안한 것이었다. 아래는 주주서한 내용 중 일부다.

"(삼성물산) 주주들은 오랜 기간 동안 주가 저평가에 직면해 있다.
모두가 한 방향으로 노를 저을 때 더 오래 더 많이 갈 수 있는 법인
데, 그동안 회사를 믿고 투자해 준 일반주주들은 낙동강 오리알 신

세나 다름없다. 이와 관련된 사안은 추가로 논하지 않더라도 이미 귀사의 경영진들이 잘 이해하고 있으리라 믿으며, 이를 해결하기 위해 누구보다도 경영진들이 고군분투하고 있을 것이다. …… 변화를 위한 첫걸음은 바로 자사주 전량 소각이다. 이는 미래의 어느 시점에 특정한 누군가를 위해 쓰이도록 마련해 두었던 곳간을 비우고 주주들에게 나눠주는 일이다. …… 2020년 3월, 이재용 부회장이 대국민 사과문에서 '오로지 회사의 가치를 높이는 일에만 집중하겠다'라고 한 말을 기억한다. '대한민국의 국격에 어울리는 새로운 삼성을 만들겠다'라며 밝힌 당찬 포부도 기억한다. 그 일환으로 주주들에게 명확한 비전을 제시할 것을 제안한다."

부당한 합병에 '낙동강 오리알'이 된 주주들

주주서한에서 내가 일반주주들을 '낙동강 오리알 신세'라고 언급한 이유가 있다. 2015년 합병 당시 회사가 제시한 목표는 허울뿐이었고 그대로 이루어진 것은 없었다. 누군가는 경기 탓을 할 수 있지만 내 눈에는 무언가 다른 목적이 있는 것 같았다. 다른 속궁리 속에서 일반주주들은 소외될 수밖에 없었다. 주주가치 제고는 뒷전이고 주가가 합병 당시 수준을 벗어나지 못한 것은 누구라도 예상할 수 있는 일이었다. 합병 과정도 석연치 않았는데 그 후에도 달라진 것은 없었다. 이중고의 연속이었다.

낙동강 오리알의 역사는 2014년부터 시작되었다. 2014년 말까지만 해도 (구)삼성물산*은 잘 나가는 회사였다. 막강한 브랜드 가치를 갖춘 래미안을 필두로 국내 건설시장을 신도하고 있었고 해외에도 적극적으로 진출하여 성과를 거두고 있었다. 주식시장에서 인정하는 가치도 높았다. 그러나 제일모직이 2014년 12월에 상장된 이후로 달라지기 시작했다. 2015년 7월 모종의 이유로 제일모직과 (구)삼성물산 간의 합병이 추진되었고, 8년이 지난 지금까지도 당시의 주가 수준에 머물러 있는 상태다. 한때는 시가총액이 유가증권시장 4위까지 올랐던 회사였지만 지금은 16위까지 밀렸다.

제일모직이 상장할 당시 (구)삼성물산의 주가는 비교적 높은 편이었다. 이때 합병을 했다면 (구)삼성물산 주주는 합병법인 주식을 더 많이 받을 수 있었을 것이다. 합병하는 것이 억울하지만 그나마 위안이 되었을지 모른다. 하지만 2015년 1분기부터 (구)삼성물산과 제일모직의 주가는 엇갈리기 시작했다. (구)삼성물산 주가가 수주 감소와 실적 부진에 안전사고가 겹치며 하락했기 때문이다. 심지어 막강한 브랜드 가치를 갖춘 래미안을 보유하고서도 수주 의지는 없는 듯 보였다. 그래서인지 삼성물산 주가를 일부러 하락시킨 것이 아니냐는 합리적 의심이 공론화되었다. 삼성물산 주가가

---

* 지금의 삼성물산은 제일모직(합병회사)과 (구)삼성물산(피합병회사)이 합병하여 생긴 법인이다.

2015년 5월 제일모직-삼성물산 합병 비율

구분	제일모직 평가주가	삼성물산 평균주가
주가	15만 9,294원	5만 5,767원
합병 비율	1	0.35

1년간 20% 하락하고 제일모직은 상장 후 반년 만에 45%나 상승했으니 그런 말이 나올 법도 했다.

합병 발표 직전 삼성물산 주가는 2013년 6월 이후 최저점에 가까웠다. 반면 제일모직은 삼성그룹 지배구조 최상위 회사로서의 프리미엄이 붙어 높은 가격으로 시장에서 거래됐다. 결국 2015년 5월, 제일모직과 삼성물산 이사회는 합병 비율 1:0.35로 흡수합병을 의결했다. 삼성물산 1주를 제일모직 0.35주의 가치로 평가한 것이다.

그런데 가만히 보면 좀 이상한 구석이 있다. 당시 삼성물산은 삼성그룹의 대표 선수인 삼성전자 주식을 4.1% 보유하고 있었는데 이 가치가 8조 원이었다. 이를 포함한 삼성물산 순자산가치가 13조 7,000억 원에 이르렀다. 반면 제일모직 순자산가치는 8조 7,000억 원에 불과했다. 자산 규모는 삼성물산이 제일모직보다 월등히 큰데도 불구하고 기업의 가치는 제일모직을 삼성물산의 3배 가까이 평가한 것이다.

이런 상황이 뻔히 보이다 보니 여러 이해관계자들이 문제를 제기하는 것은 당연한 일이었다. 특히 삼성물산 주식을 보유한 미국계 헤지펀드인 엘리엇이 이 합병에 가장 반발했다. 엘리엇은 삼성물산이 KCC에 매각한 899만 주의 의결권을 주주총회에서 인정받지 못하게 하기 위해 법원에 가처분 신청을 했으나 법원은 이를 기각하기도 했다. 결국 국민연금의 합병 찬성을 등에 업고 합병안이 통과되었다.

국민연금의 결정에도 석연찮은 부분이 있었다. 경향신문이 보도한 '2014년 11월 12일 국민연금 내부 출장보고서'를 보면, 제일모직과 삼성물산의 합병 결정 전후로 국민연금의 평가가 돌변한 것을 알 수 있다. 국민연금이 두 회사의 합병을 앞두고 제일모직의 성장성을 낮게 평가한 내부 보고서를 작성한 사실이 확인되었으나, 이후 합병 과정에서는 국민연금이 이전 내부 보고서와 반대로 제일모직의 가치를 삼성물산보다 높게 평가한 합병 비율에 찬성한 것이다.

합병 비율이 어떻게 산정되느냐에 따라 유불리가 크게 차이 나는 상황에서 국민연금이 이 합병 비율에 찬성표를 던진 것은 매우 의아한 대목이었다. 가령, 삼성물산의 가치가 높게 평가되어 합병 비율이 1:0.35가 아닌 1:1로 결정되었더라면 국민연금에게는 이득이 되는 상황이었다. 국민연금이 보유한 제일모직 지분을 고려

---

* 경향신문, 〈국민연금 "제일모직 성장성 없다"…합병 전에 '저평가'했다 돌변〉(2019.6.25.) 기사 중

해도 마찬가지였다. 모종의 압력이 이러한 결과를 초래했을 것이라는 합리적 의심이 들 수밖에 없었다. 실제로 2022년 4월 대법원은 합병 과정에서 압력을 행사한 혐의자들에 대해 유죄를 최종적으로 확정했을뿐더러 국민연금에 1,388억원의 손해를 끼쳤다고 판결하였다.

불공정한 현행 합병가액 산정 제도

합병 비율을 정하는 것은 합병 계약에서 가장 중요한 부분이다. 양측 회사의 희비가 합병 비율로 갈리기 때문이다. 그런데 우리나라에서는 자본시장법상 상장법인의 합병가액을 정할 때 단순히 시가로 산정한다. 합병 시 1개월, 1주일, 최근일의 평균 종가를 가중산술평균한 값, 즉 '시가'가 기준이 되는 것이다. 이론적으로는 시장에서 평가된 가격으로 기업의 가치를 반영하는 것이 타당해 보일지 모른다. 그러나 가격은 기업의 내재 가치 외에 다른 요인들에 의해서도 변동하기 마련이다.

한국과 달리 미국, 일본, 독일, 영국 등 주요 국가들에서는 대부분 공정 가치를 기준으로 합병가액을 결정하도록 규정하고 있다. 즉 특정 시점에 a기업의 주가가 b기업보다 낮은 상태라고 해도 그 이유만으로 기업의 가치가 떨어진다고 판단하지 않으며, 자산가치와 수익 가치 등 여러 요소를 종합적으로 고려하여 공정 가치를 평가하고 합병가액을 산정한다.

우리나라 자본시장법에도 공정 가치에 대한 개념이 아예 없지 않다. 비상장법인의 경우 합병 시 자산 가치와 수익 가치를 가중산술평균한 가액으로 합병가액을 정한다. 또한 상장법인의 경우에도 시가에 의한 합병가액이 자산 가치에 미달하는 경우에는 자산 가치를 기준으로도 합병가액을 산정할 수도 있다.

하지만 솔직히 말해 나는 합병가액 산정 시 이러한 법 조항이 필요한지, 그 자체에 대해 의구심을 가지고 있다. 우리나라에서는 합병가격의 산정 방법에 대해 법에서 구체적으로 정하고 있지만, 미국 등 주요 국가들에서는 회사의 자율적 판단에 맡기고 있다. 합병가액 산정을 법으로 정하는 것은 우리나라만의 독특한 제도인 셈이다. 이러한 규제가 여전히 유지되고 있는 것은 우리나라의 자본시장이 성숙하지 못한 시장이라고 인식했기 때문일 것이다. 하지만 누군가 이를 악용하고 있는 것을 보면, 이러한 규제가 오히려 미성숙한 시장을 지속시키는 원인이 된다고 볼 수 있다.

미국이나 다른 주요 나라에서는 합병 비율이나 합병 시점을 회사의 이사회에서 결정한다. 일반주주는 이렇게 결정된 합병가액에 대해서 찬반 의견만 낼 수 있을 뿐이다. 불공정한 합병 비율 논란은 이사회와 주주 간, 지배주주와 일반주주 간 이해관계가 다를 경우 제기될 수 있다. 시가를 기준으로 가중산술평균한 값에서 할인 또는 할증할 수 있도록 하는 재량권도, 공정 가치 개념이 포함된 법 조항도 의미가 없는 이유다.

우리나라에서는 실제 아무리 불공정하더라도 법에서 정한 산식대로 합병 비율을 정했다는 명목 때문에 일반주주들이 합병 무효 소송을 제기하기도 어렵고 실질적으로 구제받지도 못한다. 당초 입법 목적과 달리 투자자 보호에 기여하지도 못하면서 오히려 다른 누군가의 면죄부가 되어 주고 있는 꼴이다. 그러니 차라리 선진국들처럼 이사회에서 합병가액을 자유롭게 산정하고 그 적정성과 타당성을 입증하게 하는 편이 나을지도 모른다고 말하는 것이다. 이 경우 당연히 관련 법 개정과 외부 평가 기관 규율 마련 등 제도적 보완이 전제되어야 할 것이다.

이사회의 의무, 일반주주의 비례적 이익으로까지 확대해야

"주주들의 손해는 주주들의 이익 손해의 문제이고, 법인 자체는 합병이 이득이라고 판단하면 이후 합병 비율은 우리가 고민할 것은 아니다."

삼성물산과 제일모직의 합병을 둘러싼 법정 공방이 이어질 때 삼성물산 이사회는 위와 같이 답했다. 상장사 합병 비율은 법에 정해져 있기 때문에 자신들은 적법한 과정을 거쳤고, 따라서 면책이라는 말이다.

실제로 우리나라 상법에는 이사회의 의무에 관한 조항에 '회사를 위해서 복무한다'라는 표현만 있을 뿐, '주주를 위해서 복무한다'라는 표현은 없다. 그래서인지 한국 기업의 이사회는 회사에 이익이 된다면 일반주주들에게 손해를 끼치는 판단도 서슴지 않는다. 더 큰 문제는 이사회가 정작 회사가 아닌 지배주주를 위해서 일하고 있다는 사실이다. 현재 우리나라 법으로는 어찌할 도리가 없다고 하나 이러한 관행이 반복되는 한 코리아 디스카운트는 지속될 수밖에 없고, 점점 더 많은 투자자들이 한국 주식시장을 떠나게 될 것이다.

그나마 다행인 점은 최근 현행 상법 제382조의 3 '이사의 충실의무' 조항을 개정하여 이사의 의무를 '회사'뿐 아니라 '주주의 비례적 이익'으로까지 확장하고, 지배주주와 일반주주 사이의 이해상충 문제를 해소하자는 움직임이 일어나고 있다는 사실이다.

삼성물산과 제일모직의 합병 건에서 법원이 이사들의 배임 행위를 인정하지 않은 것도 이 상법 조항 때문이었다. 만일 법 개정이 현실화된다면 일반주주의 목소리를 외면하는 경영진의 태도에도 변화가 생기고, 일반주주의 이익을 침해하는 불공정한 계약 관계도 줄어들 것이다. 다만 이러한 변화를 지속적으로 이어나가기 위해서는 주주들이 더욱 적극적으로 자신들의 권리를 주장해야 한다.

지난 2022년 주주서한을 통해 나는 삼성물산에 자사주 소각으로 주주가치를 제고해 줄 것을 제안하며 △계열사 지분 등 보유 자산에 대한 활용 계획 제시 △주주들이 납득할 만한 일관된 배당 정책 제시 △ESG 리스크 재발 방지와 독립 경영 약속 등을 함께 요구했다. 내가 주주서한을 보낸 데에는 주가 부양책을 강구해 달라는 요구를 전하고자 한 것 외에도 한 가지 이유가 더 포함되어 있었다. 바로 건전한 기업 관행과 주주가치 회복을 위해 주주가 스스로 행동하는 선례가 되길 바라는 마음이었다.

'권리 위에 잠자는 자는 보호받지 못한다'는 말처럼, 주주의 당연한 권리를 스스로 주장하지 않으면 어느 누구도 챙겨주지 않는다. 부디 다른 주주들도 스스로 자신들의 권리 보호를 위해 행동에 나서 주길 바란다.

나쁜 것만 배우는
한국 기업들

지난 몇 년 동안 동학개미에게 가장 큰 희로애락을 안겨 준 대표적인 기업은 단연 카카오다. '성장에 성장을 더하는 기업'이라는 이미지로 주가가 계속해서 오르면서 최근 몇 년 사이 카카오에 대한 일반주주들의 투자가 크게 증가한 것이 시작이었다. 특히 2021년 4월 액면분할* 실시 후 시총 6위까지 오르면서 일반주주 수가 56만 1,027명(2020년 말 기준)에서 201만 9,216명(2021년 9월 말 기준)으로 폭발적으로 늘었다. 카카오는 삼성전자에 이어

---

* 주식의 액면가액을 일정한 분할비율로 나누어 주식 수를 증가시키는 일을 말한다. 해당 주식의 시장 가격이 과도하게 높게 형성되어 거래가 부진하거나 신주 발행이 어려운 경우 이루어지며 주당 가격을 낮추고 거래를 촉진할 수 있다.

일반투자자가 200만 명을 돌파한 기업이라는 영예를 얻었다. 그 만큼 카카오에 대한 투자자들의 기대감은 커졌다. 하지만 지금은 '국민 대표주'에서 '국민 역적주'로 그 위상이 바닥으로 떨어진 상태다.

카카오 주가가
반 토막 난 진짜 이유

실제로 카카오의 성장세는 대단했다. 국민 메신저인 카카오톡, 국내외를 막론하고 다양한 게임을 퍼블리싱한 카카오게임즈, 택시 앱의 1인자를 넘어 모빌리티 시장까지 노리는 카카오모빌리티, 전통 금융기관의 아성을 넘보는 카카오뱅크와 카카오페이, 웹콘텐츠와 연예 매니지먼트를 비롯한 K-콘텐츠의 최강자 중 하나인 카카오엔터테인먼트…. 이외에도 핀테크, 증권, 키즈 분야 등 산업 전 영역으로 입지를 넓혀가고 있는 기업이 바로 카카오였다.

그러나 이런 성장세에도 급제동이 걸렸다. 카카오를 바라보는 국민들의 시선이 시들해지고 있기 때문이다. 이는 단순히 카카오의 주가가 하락했기 때문만은 아니다. 국민들의 인식이 바뀐 결정적인 계기는 바로 카카오의 계속되는 소위 '쪼개기 상장'에 있었다. 카카오게임즈, 카카오뱅크, 카카오엔터테인먼트 등 알짜 자회사를 상장시키며 논란이 된 것이다. 카카오는 핵심 사업을 하나둘씩 분사시키고 해당 회사에 대한 지배력을 유지하면서 자금을 조

달하는 등 재벌기업이 하던 문어발식 확장을 이어나갔다. 하지만 그 과정에서 카카오 주주들은 전혀 보호받지 못했다.

앞서 설명했듯이 기존 회사에서 중요도가 높은 자회사가 동시 상장되면 일반주주의 지분 가치는 훼손당할 수밖에 없다. 그런데 카카오가 상장시킨 자회사는 하나가 아니었다. 2020년 9월에는 카카오게임즈, 2021년 6월에는 카카오뱅크, 2021년 11월에는 카카오페이를 연이어 상장시켰다. 카카오의 가치는 점차 줄어들 수밖에 상황이었다. 그럼에도 카카오의 일반주주들은 이를 지켜볼 수밖에 없었다. 현재도 카카오모빌리티, 카카오엔터테인먼트, 카카오재팬을 추가 상장할 수 있다는 관측도 나오고 있어 그들의 마음이 얼마나 초조하고 애가 탈지 헤아릴 수조차 없다.

이뿐만이 아니었다. 당시 또 하나의 사건이 터졌는데, 바로 주요 계열사 경영진의 스톡옵션 행사였다. 2021년 12월, 카카오페이 대표를 비롯한 카카오페이 경영진들이 상장 한 달 만에 스톡옵션 주식을 단체로 매각한 사실이 알려지며 도덕적 해이 논란에 휘말린 것이다. 그중 대표이사의 경우 카카오 대표로 내정된 인물이기도 해서 더욱 공분을 샀다. 상장 후 최단 시간 내에 다수의 경영진이 한꺼번에 주식을 매각한 것은 전례 없는 일로 '먹튀' 논란을 불러오면서 주주들을 분노케 했다. 카카오페이 주가도 반 토막이 났다. 카카오페이 대표는 이 일에 책임을 지고 사퇴했으나, 사퇴 후에도 보수를 받는 고문으로 계속 재직하고 있던 사실이 뒤늦게 알려지며 다시 한번 공분을 사기도 했다.

카카오 논란은 한국식 기업 지배구조 문제와도 밀접한 관련이 있다. 핵심 계열사들을 분사해 자금을 조달하고 창업자의 지분율은 희석하지 않은 채 사업에 대한 영향력을 유지하는 구조가 기존 대기업 집단의 기업 지배구조와 매우 유사하기 때문이다. 게다가 계열사들이 따로 상장하면서 주주가치가 훼손되는 과정도 똑같다. 혁신의 대명사로 불리는 테크 기업(기술 기반 기업)이 구태의 대명사인 재벌 기업을 그대로 따라한 셈이다.

테크 기업마저
대기업 피라미드형 지배구조 닮은꼴

현재 카카오그룹은 피라미드 구조를 통해 180여 개의 계열사를 보유하고 있다. 카카오가 몇 개 주요 자회사의 지분을 보유하고, 그 자회사 중 일부가 다른 계열사들의 지분을 보유하는 방식이다. 이 피라미드의 맨 위에는 카카오 창업자가 있다. 관계사가 보유한 카카오 지분을 포함해서 창업자가 약 24%의 지분을 가지고 거의 모든 계열사를 지배하는 것이다. 결국 코리아 디스카운트의 주된 원인 중 하나인 한국형 대기업의 피라미드형 구조를 고스란히 반복하고 있는 셈이다.

피라미드형 구조는 한국의 주주환원율이 낮은 이유 중 하나로 꼽힌다. 이러한 구조 하에서는 자회사가 배당을 주면 지배주주에게 귀속되는 배당금이 축소된다. 손자회사, 증손자회사라면 더 하다. 배당금이 모회사로 오기까지 한두 회사를 건너는 과정에서 일반주주에게 나눠 줄 몫이 점차 늘어나고, 법인세와 배당소득세까지 이중으로 내야 하기 때문이다. 당연히 지배주주에게는 배당이 매력적인 선택지가 아니게 된다. 그럴 바에는 차라리 그 자회사나 손자회사에 겸직하면서 고액 연봉을 받는 선택을 하는 것이다.

오늘날 테크 기업들은 혁신의 상징으로 여겨진다. 그 혁신으로 우리 삶이 윤택해졌다는 데에는 백 번 동의한다. 그러나 그 뒤에는 국민들이 있었다. 그 국민들로 이루어진 사회가 있었기에 테크 기업들도 그만큼 성장할 수 있었다. 혁신의 주역들은 이를 인정해야만 한다. 단지 그들만이 잘해서 성공한 것이 아니다.

자본시장의 취약점을 악용해 그 성공의 대가를 가져가려는 행위는 절대 혁신적이지 않다. 성장이 막힐 때마다 투자가 아닌 새로운 중복 상장 카드를 꺼내고, 주주가치 제고는 등한시하며 잇속 챙기기에 바쁜 행보는 그들을 키워준 국민들에게 비수를 꽂는 것과 같다.

카카오가 과거의 영광을 되찾으려면 주주들, 더 나아가 국민과의 신뢰 회복이 우선되어야 한다. 이를 위해 해외 글로벌 빅테크 기업처럼 지배구조의 투명성을 높여야 한다. 기업의 의사결정 과정이 공정하고 합리적으로 이루어지는지 공개하고, 의사결정권자와 책임 주체를 명확하게 규정해야 한다.

또한 이해관계자들의 의견을 최대한 수렴하고 반영하기 위해 귀 기울어야 한다. 결과적으로 글로벌 스탠더드에 준하는 지배구조 체계를 갖추도록 힘써야 한다. 이는 카카오가 이제까지의 과오를 청산하고 제2의 도약을 하는데 밑바탕이 되리라 확신한다. 과거를 답습하는 한 혁신은 없다.

주주가치 훼손, 끊이지 않는 악의 순환 고리

오늘날 한국의 자본시장은 기존 재벌 대기업들의 고질적인 거버넌스* 문제가 해결되지 않은 상황에 신생 기업들의 거버넌스 문제까지 더해져 악순환이 반복되고 있다. 이는 테크 기업들만이 아니라 다른 업종의 중소·중견 기업들도 마찬가지다. 기존의 대기업이 지배주주의 이익을 위해 오랫동안 답습해 온 갖가지 편법을 그대로 활용해 오히려 더 지능적으로 악용하고 있다.

국세청은 G사에 대한 특별 세무조사에 착수했다. G사 회장의 경영권 승계 과정에서 편법 논란이 끊이지 않았기 때문이다. 실제로 G사 소유의 골프장 법인 H사와 지배주주 일가가 보유한 골프장 법인 I사를 합병 추진하면서 G사의 일반주주들이 대대적으로

---

* 기업 거버넌스(Enterprise Governance)는 기업의 의사결정과 운영을 투명하고 효율적으로 수행하기 위한 제도와 절차를 말한다. 기업의 이해관계자(주주, 고객, 직원, 공급업체 등)의 권익을 보호하고, 기업의 지속 가능한 성장과 발전을 도모하기 위한 목적으로 설계된다.

반발한 바 있다. H사와 I사가 합병된다면 I사의 부실은 G사에게 전가되는 한편, I를 소유한 지배주주 일가가 H사의 지분까지 확보하게 되는 셈이기 때문이다.

회사는 왜 이런 결정을 내렸을까? H사가 소유하고 있는 골프장 부지는 주변이 고가의 아파트 단지로 향후 개발 시 잠재가치가 매우 높기 때문이다. 게다가 합병이 제기되던 당시는 정부가 주택공급난 해소 방안으로 수도권 골프장의 신도시 건설을 제안하던 시기로, 택지로 개발될 경우 부동산 가치 폭등이 예상되는 곳이었다. G사의 주주로서는 자회사인 H사의 알짜배기 토지 지분 중 25%를 헐값에 빼앗기는 것이나 마찬가지였다. 게다가 누적손실액만 약 400억 원인 I사의 부실까지 떠안는 합병은 심각한 주주가치 침해라고 보았다.

일반주주들은 또한 G사가 의도적으로 부동산 등 자산 재평가를 수십 년째 미루는 방식으로 주가를 낮게 관리하고 있다며, 이 역시 승계 문제와 관련이 있다고 주장하고 있다. G사의 주가가 낮을수록 승계를 위한 비용이 적게 들어간다는 이유인데, 이는 오너 경영권 승계 욕심에 주주가치는 뒷전인 전형적인 모습이기도 하다.

한국에서 승계 문제 때문에 일반주주들이 피해보는 사례는 중소·중견기업에서도 흔히 볼 수 있다. 여러 편법을 동원해 껍데기만 남겨 놓기도 하고 주가를 낮추는 데 온 힘을 쏟는다. 형님이 하니 동생들도 그대로 따라하는 격이다.

상장사 J사의 행보도 재벌기업에서 보여왔던 편법승계와 유사하다. 내부거래로 자녀가 보유한 기업의 덩치를 키운 뒤 배당이나 합병 등을 통해 주력계열사의 지분을 획득하는 방식이다. J사는 관계사 K사를 직간접적으로 지원하면서 승계 수단으로 사용하려 하고 있으며, 이는 현재 진행형이다. K사는 매출 규모도 수백억 원에 달하고 마진율은 20~30%나 된다. 지금은 내부거래 비중이 20%대로 낮아졌지만 M&A를 하면서 사세를 키우기 전까지는 그 비중이 99%에 달했다. 전형적인 '일감 몰아주기' 회사인 것이다. 또한 최근에는 J사가 K사의 자회사를 인수해서 160억 원가량의 차익을 안겨주기까지 했다.

이처럼 한국의 주식시장에서는 지배주주의 경영 승계 목적 등을 위해 주주가치를 훼손하는 일이 빈번하게 일어나고 있다. 지배주주 중심의 이러한 고질적인 기업 거버넌스 문제를 해결하지 않고서는 주식시장의 정상화도 기대할 수 없다. 투명하고 건강한 기업 거버넌스를 구축하는 일은 이제 기업의 성공을 위한 필수 요소이다. 지배주주의 영향력이 지나치게 강한 한국 기업도 이제 변화를 모색해야 한다. 주주가치를 중심에 두고 기업의 가치를 높일 때만이 지속 가능한 성장과 발전을 도모할 수 있을 것이다.

한국 시장을 떠나는
동학개미들

"일반주주 입장에서는 국내 기업에 투자해 성과를 공유
하자는 마인드로 길게 투자하기 힘듭니다. 지배주주가 자본거래
나 손익거래로 일반주주들의 부를 탈취해서 주주가치가 훼손되
고 있는데 어떻게 계속 투자할 수 있겠습니까?"

지난 2022년 11월 국회도서관에서 열린 '금융투자소득세(금투세)
유예촉구 긴급토론회' 중 어느 개인투자자가 한 발언의 일부다. 나
는 우리나라 주식시장에 30년 넘게 투자해 온 사람으로서 이분의
이야기에 백 번 공감했다. 나를 속이고 내 것을 빼앗는 자와 어떻
게 동행할 수 있겠는가.

'자금 대이동'의 시대,
금융자산 비중이 낮은 한국

한때 들불처럼 일어났던 동학개미들의 주식투자 열풍은 최근 싸늘하게 식었다. 자금 이탈도 가속화되고 있다. 물론 인플레이션과 고금리, 러시아-우크라이나 전쟁 발발 등 글로벌 악재로 인한 주가 하락도 그 원인이다. 하지만 그보다 더 근본적인 문제가 있으니, 바로 기업 거버넌스 문제다. 동학개미운동*이 일시적인 현상을 넘어 지속되려면 반드시 이 문제를 해결하고 넘어가야 한다.

우리는 지금 실물자산이 금융자산으로 가는 '자금 대이동'의 시작점에 와 있다. 실물자산과 금융자산의 비중이 미국은 3대 7, 일본과 대만 등은 5대 5인 반면, 한국은 7대 3수준이다. 우리나라가 부동산 공화국이라고 불리는 이유다. 만약 우리 기업 거버넌스가 제대로 작동하고 주주들에게 이익을 환원하는 문화가 정착되어 부동산 임대수익 이상의 정기적인 수익이 확보되었다면 어땠을까? 아마 우리나라도 다른 나라들처럼 금융자산의 비중이 높았을 것이다.

'자금 대이동'은 그것을 어떻게 촉진시킬 수 있느냐의 과제만 있을 뿐 거스를 수 없는 시대적 흐름이다. 이를 위해서는 기업과 투

---

* 2020년 초 코로나19 사태가 장기화되면서 기관과 외국인 투자자들이 한국 주식을 팔며 급락세가 이어지자 이에 맞서 개인투자자들이 한국 주식을 적극 사들인 상황을 1894년 '동학농민운동'에 빗대어 표현한 신조어다.

자자 간 신뢰 회복이 우선되어야 한다. 특히 기업이 투자자와 제대로 성과를 공유하겠다는 동반자 정신을 지녀야 한다. 이러한 인식이 전제되지 않으면 우리나라 주식시장에서 일어난 동학개미운동은 한낱 '한여름 밤의 꿈'이 되어버릴 수 있다.

신뢰 바닥난 한국의 기업들, 사고의 전환이 필요하다

"미국 주식은 투자하면 주식 수가 줄어드는데, 한국 주식은 정신을 잠깐만 놓으면 주식 수가 늘어나 있다."

우리나라 기업들이 전환사채(CB)나 신주인수권부사채(BW)를 발행하거나 유상증자를 남발하여 어느 순간 주식 수가 늘어나 있는 경우를 빗대어 표현한 말이다. 미국 기업들은 자사주 매입과 소각을 통해 주당 가치를 올려 주주가치 제고에 힘쓰는 반면, 우리나라 기업들은 주식 수 늘어날 일만 가득 벌이고 있다.

미국의 대표적인 반도체 제조 기업인 엔비디아는 2004년부터 꾸준히 자사주 매입을 지속하며 주주가치 제고를 위해 노력해 온 회사다. 최근에는 챗GPT발 AI 반도체 수요가 폭증하며 투자금이 필요해지자 신속하게 유상증자를 단행했고, 주주들과 시장은 이를 긍정적으로 평가했다. 이후 엔비디아는 낙관적인 실적 전망치를 내놓았으며 이에 주가는 사상 최고치를 경신했다.

엔비디아뿐만이 아니다. 미국에는 매년 배당을 늘려가는 기업들이 많다. 이런 회사의 주식을 '배당 귀족주'라 부르는데, 이와 관련한 펀드 상품도 판매되고 있으며 투자자들의 반응도 좋다. 기업과 투자자 간 신뢰는 주주환원에서부터 시작된다는 것을 잘 보여주는 사례다.

이에 반해 국내 몇몇 기업들은 주주에게 배당하거나 자사주를 매입하는 일에 난색을 표한다. 주주가치 제고를 위해 자금을 사용하면 나중에 기업 운영이나 신사업 투자에 필요한 재원을 확보할 수 없다고 판단하는 것이다.

이제는 우리 기업들도 사고의 전환이 필요하다. 만약 기업 활동을 하면서 성장을 위한 자금이 필요하면 주주들에게 투자금을 요청하면 된다. 회사와 주주들 간 신뢰가 충분히 쌓여 있다면 회사가 자금을 필요로 하는 상황에서 외면할 주주는 없다. 회사의 미래 가치를 믿고 리스크를 감수하며 투자해 온 주주들이라면 더욱 그렇다. 그들 대부분은 새로운 도전을 준비하는 회사에 든든한 후원자가 되어 줄 것이다.

우리나라에서 일부 기업들은 투자자들의 눈총이 두렵기 때문인지 유상증자 하길 꺼려한다. 나는 이 또한 사고의 전환이 필요하다고 생각한다. 투자자들의 불만을 두려워하기 전에 신뢰를 먼저 쌓아야 한다. 신뢰가 높으면 유상증자를 해도 주가에 부정적인 영향을 미치지 않는다. 오히려 회사의 미래 비전에 공감해 주는 투자자들 덕분에 주가가 오를 수 있다.

주식시장에 상장하는 것은 자본 조달을 용이하게 하기 위해서다. 유상증자를 했다고 해서 죄인 취급 받는 것은 억울한 일이다. 억울함을 토로하기에 앞서 무엇을 해야 할지 이제는 너무나도 자명하다.

동학개미들을 붙잡아야 하는 이유

2021년 한국예탁결제원이 발표한 자료를 보면, 2021년 1분기 해외 주식 결제 금액은 1,285억 1,000만 달러(약 144조 1,000억 원)로, 직전 분기(654억 달러) 대비 96.5%나 급증했다. 이는 2011년 이후 분기 기준 최대 규모였다. 2021년 말부터 글로벌 증시가 하락세를 보이기 전까지 서학개미들*의 활약은 그야말로 대단했다.

이처럼 해외 투자가 봇물처럼 터진 이유는 무엇일까? 우선 최근 몇 년 사이 디지털 인프라가 크게 확충되었다. 국내 증권사들이 해외투자 인기에 발맞춰 서비스 개선에 힘쓴 덕분이다. 또한 글로벌 초연결 사회 속에서 정보의 흐름이 매우 빨라지고 정보 접근성도 높아졌다. 인터넷만 가능하면 세계 어느 곳에서도 각 나라의 증시 소식을 손안에서 파악할 수 있는 시대가 되었다.

마지막으로 가장 중요한 이유는 우리나라 기업들의 수익성과

---

* 국내 주식을 사 모으는 동학개미와 반대 의미로 미국 등 해외 주식에 직접 투자하는 개인투자자를 일컫는 신조어다.

성장성이 해외 기업에 미치지 못하는 현실 때문이다. 실제로 우리나라의 증시 연평균 수익률은 글로벌 주요 증시에 비해 턱없이 낮은 수준이다.

아래 〈글로벌 주요 증시 연평균 수익률〉(그래프)을 보면, 지난 2013년부터 2022년까지 증시 연평균 수익률이 미국 12.6%, 대만 10.3%, 인도 7.6%로 나타났다. 일본(5.9%), 중국(5.5%), 유럽(5.2%)도 모두 5.0%대를 기록했다. 이에 반해 우리나라만 1.9%에 머물러 있다. 글로벌 수준 대비 우리 증권시장의 수익률 격차와 현실을 실감할 수 있는 수치다.

나의 지인 중에도 서학개미를 자처하는 이들이 있다. 이들은 지난 10년간 나스닥 지수 차트를 들이대며 이제 더 이상 글로벌 일

글로벌 주요 증시 연평균 수익률

2013~2022년 연평균 수치(단위: %)

미국 12.6 / 대만 10.3 / 인도 7.6 / 일본 5.9 / 중국 5.5 / 유럽 5.2 / 한국 1.9

* 미국은 S&P500 지수, 중국은 달러 환산 CSI 300지수, 나머지 국가는 달러 표시 MSCI 지수 기준임.

출처: JP모건자산운용

등 국가인 미국에 투자하는 것을 미룰 수 없다고 말한다. 국내 기업에만 투자하는 나를 보고 진부하다고까지 표현한다. 그들의 주장은, 이미 우리 삶 깊이 침투해 있는 미국 기업들이 우리 돈을 쓸어가고 있으니 그 돈을 다시 가져와야 하지 않겠냐는 것이다. 맞는 말이다. 그러나 나는 그보다 더 중요한 게 있다고 믿는다.

극단적으로 우리 국민 전부가 우리 기업에 투자하지 않고 해외 기업에만 투자한다고 가정해 보자. 그러면 우리 기업들은 결국 어떻게 될까? 또 그 기업에 속해서 일하는 우리 국민은 어떻게 될까? 과연 그렇게 찬양하는 미국 기업에 투자할 자산은 남아 있게 될까? 결국 우리는 어둡고 긴 터널 속에 갇히게 될 것이다.

오늘날 첨단 산업의 경쟁력은 속도에 있다. 급변하는 기술 트렌드와 국제 정세에 발 빠르게 대응하기 위해서는 투자 자금 확보가 무엇보다 중요하다. 그리고 이를 위한 가장 손쉬운 방법이 바로 국내 투자자들의 증시 유입이다. 동학개미들을 반드시 붙잡아야 하는 이유다.

상황이 이러한데 주요 기업의 거버넌스 문제와 함께 '금투세 도입 이슈'까지 불거지면서 동학개미들의 이탈을 부채질하고 있다. '한국 주식 싹 다 정리하면 미국으로 간다'는 말이 그냥 나온 게 아님을 유념할 필요가 있다.

그럼에도 우리 기업에 투자해야 하는 이유는 있다. 우리 기업이 우리의 희망이자 미래이기 때문이다. 우리 기업을 가장 잘 아는 건 우리 국민이다. 우리가 투자해 주지 않으면 누가 투자해 주겠는가. 우리가 어두운 긴 터널 속에 한 줄기 빛이 될 때 우리 자본시장과 기업들도 덩달아 달라질 것이다.

고질병을 앓는
한국의 주식시장

WITHOUT
SHAREHOLDER RIGHTS

저평가의 늪에서
벗어나야 하는 이유

해방 이후 80여 년간 대한민국은 눈부신 발전을 이루었다. 한강의 기적이라고 불리며 전 세계를 놀라게 했고, 무역 규모 1조 2,000억 달러를 넘어서며 세계 최빈국에서 전 세계 8위의 무역 강국(2021년 기준)으로 발돋움하기에 이르렀다. 이 과정에서 글로벌 경쟁력을 가진 기업들이 다수 생겨났으며, 최근에는 K-컬처 콘텐츠로 글로벌 시장을 호령하고 국가 이미지까지 개선하며 제2의 도약을 눈앞에 두고 있다.

이를 실감하면서도 우리나라 자본시장을 보면 답답한 마음이 올라온다. 과거를 답습하는 모습이 여전하고, 국내 기업의 가치가 저평가의 늪에서 벗어나지 못하고 있기 때문이다. '코리아 디스카운트(Korea discount) 라는 불명예 속에서, 우리 자본시장에 한해 서는 눈부신 발전이라는 말이 무색하기만 하다.

그 단면을 보면 더 심각하다. 우리나라 상장사들의 전체 시가총 액이 애플의 시가총액에도 미치지 못한다. 2022년 말 기준 코스 피와 코스닥에 상장된 기업은 모두 2,558개(우선주, 스팩주 포함)이 고, 이들의 시가총액을 모두 합친 금액은 2,083조 원이었다. 그 시 기에 애플의 시가총액은 2조 441억 달러(2,577조 원)였다. 아무리 애플이 글로벌 최고 기업이라고 하더라도 우리의 걸출한 기업들 이 그에 미치지 못한다는 것은 이해하기 어렵다.

한강의 기적이 무색한 코리아 디스카운트

코리아 디스카운트는 국내 기업들이 외국 기업들에 비해 현저히 낮게 평가받는 현상을 말한다. 글로벌 경쟁력을 갖춘 우수한 기업 들이 정말 많음에도 불구하고 우리는 코리아 디스카운트에서 벗 어나지 못하고 있다. 심지어 수익성과 자산 가치가 해외 기업과 비 슷한데도 크게 평가절하되는 일이 다반사다. 앞서 언급했듯이 순 자산가치가 1조 원인 기업이 주식시장에서는 시가총액 5,000억 원으로도 평가받지 못하는 것이다. 도대체 왜 우리 기업들은 이렇

---

* 우리나라 기업과 자본시장의 여러 문제로 인해 대한민국 기업들의 주가가 비슷한 수준의 외국 기업 주가에 비해 낮게 평가받는 현상을 말한다.

게 과소평가를 받고 있으며, 우리 자본시장은 코리아 디스카운트라는 불명예를 벗지 못하는 것일까?

혹자들은 그 이유를 한국의 경제 구조에서 찾는다. 경기에 민감한 수출 산업에 의존하고 있다는 점, 남북 분단으로 인한 불안정한 지정학적 리스크 등을 이유로 든다. 하지만 나는 그렇게 생각하지 않는다. 한국과 산업 구조가 비슷하며 마찬가지로 전쟁의 위협에 놓여 있는 대만과 비교해 보면 바로 알 수 있다.

대만도 한국과 마찬가지로 IT, 반도체, 화학, 철강과 같은 장치 산업들이 전체 GDP의 60~70%를 차지하는 경제 구조다. 게다가 중국과의 일촉즉발의 전쟁 위기에 놓여 있으며, 최근 미중 갈등 속에서 몇 차례 위기설에 휩싸이기도 했다. 남중국해에서의 직접적인 충돌 가능성으로 인해 한국보다 리스크가 훨씬 더 큰 상황에 놓여 있는 것이다. 하지만 대만의 자본시장은 어떤가. 우리에 비해 훨씬 높은 가치를 인정받고 있다.

한국거래소가 최근 코스피200 기업을 대상으로 조사 작성한 유가증권시장 투자지표에 따르면, 한국의 주가순자산비율(PBR)은 0.9배로, 미국 4.2배, 프랑스 2.0배, 인도 3.2배, 대만 2.2배, 중국 1.4배와 큰 격차를 보였다. 이는 선진국의 평균 PBR인 2.9배의 삼분의 일 수준이며, 신흥국 평균 PBR인 1.6배에도 미치지 못하는 수준이다. 특히 대만은 한국에 비해 두 배 이상 높게 나타난다.

코스피의 PBR이 낮다는 것은 그만큼 국내 기업의 자산 가치가 낮게 평가받고 있다는 것을 의미한다. 그런데 정말로 우리나라 기업들은 경쟁력이 없을까? 그렇지 않다는 것은 누구나 알고 있다. 실제로 우리나라에는 세계적인 기업과 견주어도 손색없는 자랑스러운 선도 기업들이 많다. 또한 그들의 성과를 사고팔고 공유하는 증권시장도 발달되어 있다. 그럼에도 불구하고 왜 한국 기업 주식은 그 기업이 가진 경쟁력에 비해 저평가받고, 한국 증시는 장기 투자자들의 무덤이라 불리는 것일까?

코리아 디스카운트의 진짜 이유는 따로 있다

서학개미들에게는 한 가지 믿음이 있다. 투자한 기업의 성과가 나에게 반드시 돌아온다는 믿음이다. 그것이 시세차익이든 배당이든 말이다. 미국 기업들은 투자자들의 믿음에 보답하기 위해 적극적으로 주주친화 정책을 쓴다. 자사주 매입을 통해 주가를 올리는 데 최선을 다하고 배당을 주는 것에도 인색하지 않다. 기업가치가 주가에 제대로 반영될 수밖에 없는 구조다.

반면 국내 기업들은 주주환원율도 낮을뿐더러 툭하면 물적분할, 터널링 같이 지배주주가 일반주주의 부를 탈취하는 사건이 뉴스를 도배한다. 기업가치가 올라갈 리 만무하고 주가는 박스권에서 벗어날 수가 없는 것이다.

우리나라 기업들은 자사주 매입은 차치하고 배당성향도 현저히

낮다. 증권업계에 따르면 2021년 말 기준 한국 상장사의 배당성
향은 26%에 불과하다. 미국(41%), 영국(56%), 프랑스(45%), 일본
(31%), 대만(51%)은 물론이고 심지어는 중국(28%)보다도 낮다. 이
납득하기 어려운 숫자는 한국 자본시장의 민낯을 보여준다.

한국은 기업의 사내유보금 비율도 OECD국가들 중에서 압도
적으로 높다. 이는 달리 얘기하면 주주들에게 나눠야 할 이익을 곳
간에 쌓아두기만 한다는 뜻이다. 혹자는 한국 기업들이 이익을 사
내에 유보하는 이유는 미래에 발생할 위험에 대비하고 회사의 성
장과 혁신을 위해 투자금을 확보하는 것이라고 말한다. 일반적으
로는 맞는 말이다. 그러나 한국 기업들만 유별나게 미래의 위험에
대비하고 성장을 위해 계속 투자해야 하는 것은 아니다. 이는 어느
나라 기업이든 마찬가지다.

나는 도리어 되묻고 싶다. 계열사로 순환출자하는 것을 진정한
투자라고 할 수 있는가? 그 유보금은 누구의 것인가? 특정 누군가
를 위해 남겨둔 것이 미래를 위한 대비라고 할 수 있는가? 답은 너
무나도 자명하다.

한국 기업들은 여전히 주주환원에 대한 인식이 부족하다. 한국
에서는 주주들에게 배당을 하거나 자사주를 매입하는 것을 회사
가 주주들에게 베푸는 일종의 선물로 여기는 경우가 많다. 기업인
들 입장에서는 '내 주머니'에서 나간다고 생각하는 것이다. 그러나
이는 큰 오해다. 사실은 '우리' 주머니에서 꺼내 자기 몫대로 나누

는 것이다. 성과에 대한 분배이지 혜택을 주거나 호의를 베푸는 것이 아니다.

주주환원율을 높이기 위해 우선하여 해결해야 할 일들이 여러 가지 있지만, 주주환원에 대한 사회적 인식 개선이 이와 동시에 이루어져야 한다는 점을 다시 강조하고 싶다. 특히 기업들이 주주환원을 비용이 아닌 투자 개념으로 생각할 필요가 있다. 현금 흐름 관점에서 보면 주주환원을 비용 개념으로 생각하기 쉬우나, 이런 생각은 바뀌어야 한다. R&D나 마케팅 비용처럼 현금은 유출되지만 회사의 장기적인 성장과 발전을 위해 꼭 필요한 투자다. 오히려 주주에 대한 투자는 그 어떤 투자보다도 효율적이고 효과적이다.

무엇보다 중요한 것은 주주는 엄연한 기업의 주인이라는 사실이다. 이점을 잊어서는 안 된다. 주주가 리스크를 안고 회사에 투자한 것에 대해 회사는 책임과 의무를 져야 한다. 즉 주주환원은 해도 되고 안 해도 되는 차원이 아닌 반드시 해야 하는 일에 속한다. 이러한 인식 변화 속에서 우리는 더 나은 자본시장, 더 나은 세상을 만들어갈 수 있을 것이다.

선도형 경제 시대, 기업 주가가 경쟁력을 좌우한다

자본을 조달하는 능력이 곧 경쟁력인 시대가 되었다. 일개 자동차 회사 테슬라가 공격적으로 사업을 확장할 수 있는 힘은 풍부한 자금 조달 능력에 기반한다. 일례로 현대차의 시가총액은 테슬라의 4% 수준이다. 이는 동일한 지분으로 테슬라는 현대차의 25배 수준의 금액을 조달할 수 있다는 것을 의미한다. 결국 시가총액의 차이가 조달할 수 있는 자본의 격차로 이어지는 것이다.

한강의 기적을 일으킨 과거 추격형 경제에서는 국가가 저금리로 국책 자금을 지원해 주고 산업별로 구획을 나눠 경쟁 강도를 완화해 주는 등 여러 방식으로 기업의 성장을 도왔다. 과거에는 이것만으로도 충분했다. 그러나 글로벌 기업들과 치열하게 경쟁하고 있는 지금, 과거의 방식으로는 한계가 있다.

우리는 이제 추격형 경제에서 탈피해 선도형 경제로 가는 단계에 있다. 이 시기에는 기업의 자본 조달 능력이 무엇보다 중요해진다. 자본을 끌어들이고 혁신을 통해서 더 높은 단계로 올라가야 살아남을 수 있다. 선도형 경제의 중심이 되는 최첨단 산업 영역에서 투자의 물꼬가 막히면 우리 기업들은 글로벌 경쟁에서 결코 살아남을 수 없다.

기업의 자본 조달 능력을 키우기 위해 가장 우선되어야 하는 것이 자본시장 개선이다. 이는 금수저 흙수저에도 비유할 수 있다. 금수저는 애초에 든든한 지원과 더 많은 기회를 접할 수 있는 환경을 타고났기에 흙수저에 비해 경쟁적 우위를 점할 수 있다. 기업도 일명 금수저 출신은 출발선에서 경쟁사를 앞설 수 있다. 가령 나스닥에 상장된 기업들은 금수저 출신이다. 선진화된 자본시장을 갖추고 있어 조달할 수 있는 자금 규모의 차원이 다르다. 반면 자본시장이 제 역할을 하지 못하면 출발선부터 달라진다.

일례로 쿠팡과 이마트의 시가총액만을 비교해 봐도 알 수 있다. 2021년 나스닥에 상장한 쿠팡은 당시 공모가 기준 시가총액이 630억 달러(71조 8,000억 원)였고, 그 시기 이마트의 시가총액은 4조 9,000억 원이었다. 나스닥에서 조달한 자금이 45억 5,000만 달러(5조 원)였는데 이는 이마트의 전체 지분을 살 정도의 수준이었다. 당시 투자자들 사이에서는 '쿠팡 공모 자금으로 이마트 사면 되겠네.'라는 농담이 오가기도 했다.

자본을 조달하는 능력 차이는 기업의 성패를 가르는 것은 물론이고 국가의 핵심 경쟁력을 좌우하기도 한다. 자본시장이 성숙한 나라일수록 더 발전한 국가인 것을 보면 알 수 있다. 자본시장에 강력한 주주 보호 장치가 필요한 이유도 여기에 있다. 투자자들이 안심하고 투자할 수 있는 환경이 갖춰져야 자본시장이 활성화되고, 이는 장기적으로 더 많은 투자를 끌어낼 중요한 기반이 된다.

주주환원율을 높이고 기업의 지배구조를 개선하는 등 근본적인 변화를 통해 우리 기업들을 금수저로 만들어야 한다. 이제라도 '코리아 디스카운트'의 근본적인 이유를 명확히 인식하고, 국민들 모두가 행동으로 옮겨야 한다. 코리아 프리미엄 시대는 다른 누가 만들어주지 않는다. 우리 스스로가 만드는 것이다.

고장 난 거수기계가
되어 버린 이사회

"무슨 '과일 회사'에 투자를 했다며, 우린 이제 돈 걱정할 필요가 없어졌다더군요."

영화 〈포레스트 검프〉(1994년)에서 주인공 검프는 애플(Apple)의 CFO가 투자자들에게 보낸 편지를 읽는 회상 장면에 이어 이런 말을 한다. 남들보다 지능이 떨어지는 검프는 자신도 모르는 사이에 미국 현대사의 주요한 사건들에 개입하고, 이 과정에서 큰돈을 번다. 그 돈으로 배를 마련해 새우잡이를 해서 수산 기업인 버바검프쉬림프(Bubba Gump Shrimp)를 세우고 큰 부자가 된다. 당시 검프는 자신의 멘토인 댄 중위에게 돈 관리를 맡겼는데, 댄이 '과일회사'에 투자를 한 것이다. 그 회사가 바로 애플사다.

이 장면은 영화 역사상 가장 오랫동안 회자되는 화제의 장면 중 하나다. 수많은 언론이 '검프처럼 그때 애플 주식을 샀더라면, 아니 영화가 개봉되었던 1994년에라도 애플 주식을 샀더라면 지금쯤 나는 얼마나 부자가 되었을까?'라며 추정하는 기사를 끊임없이 다루었기 때문이다.

실제로 애플은 1980년 상장한 첫날 시가총액이 22억 달러(약 2조 7,300억 원)였는데, 38년이 지난 2018년 시가총액 1조 달러를 달성했으며, 그로부터 2년만인 2020년에는 2조 달러를 기록했

애플의 상장 이후부터 현재까지의 주가 추이

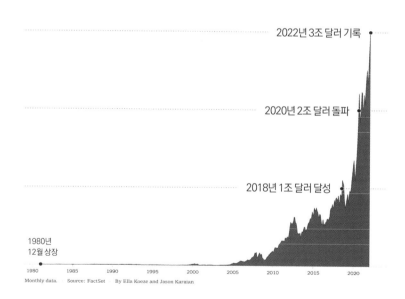

출처: 뉴욕타임즈, FactSet

다. 이어 2022년 1월에는 시가총액 3조 달러를 돌파한 첫 번째 기업이 되었다.

물론 애플이 그 기간 계속하여 승승장구한 것은 아니었다. 스티브 잡스가 세상을 떠나고 팀 쿡 체제로 바뀐 후 한동안 혁신적인 제품이 나오지 않았다. 심지어 2013년에는 실적이 저조하기도 했다. 이때 행동주의 투자자 칼 아이칸이 애플에 비영업용 자산이 지나치게 많으니 이를 매각하여 주주환원율을 대폭 상향하라고 제안했고, 이를 팀 쿡 대표가 받아들이면서 주가가 드라마틱하게 상승했다.

애플은 이후 지속적으로 자사주 매입과 소각, 그리고 배당을 통한 주주환원을 이어나갔다. 2012년부터 2022년까지 애플이 사들인 자사주는 5,720달러에 달한다. 같은 기간 배당금 총액도 1,319억 달러에 이른다. 이뿐만 아니다. 애플은 2023년 1분기에도 191억 달러를 자사주 매입에 사용했으며, 최근 1년(2023년 6월 기준) 순이익의 90%를 자사주 매입과 배당에 썼다. 이러한 주주환원 정책을 두고 '아낌없이 주는 애플'이라는 별명까지 붙었다. 이렇게 적극적인 주주환원으로 애플의 주가는 2012년 14달러 수준에서 최근 180달러 선까지 올랐다. 만일 팀 쿡이 칼 아이칸의 제안을 투기자본의 압박이라 매도하며 거부했다면 과연 지금의 애플이 있을 수 있었을까?

우리도 한 번 상상해보자. 만약 검프가 계속 애플 주식을 갖고 있었다면 어떻게 되었을까? 워런 버핏 못지않은 세계적인 부자가 되었을 것이다. 그런데 만약 포레스트 검프가 미국이 아닌 한국에 있었다면, 그에 버금가는 장기 투자 신화를 이룰 수 있었을까?

한국에서 검프 같은 장기 투자자가 나오기 힘든 이유

한국의 현실을 들여다보자. 여기 상장사 L사가 있다. 이 회사의 김 모 대표는 사업 파트너사로 M사를 선정했다. 문제는 이 회사가 김 모 대표 소유의 회사라는 점이었다. L사는 M사에게 마진율이 높은 일을 맡겼고 심지어는 단순 매출 거래도 발생시켰다. 결과적으로 김 모 대표는 L사의 가치를 높이기 위해 일한 것이 아니라, 자신이 소유한 M사에 부당하게 편의를 봐주며 사적 이익을 챙기고 있던 것이다.

이 과정에서 L사의 이사회는 어떤 역할을 했을까? 회사의 이익을 고려하기는커녕 대표의 허수아비 노릇만 자처했다. 그러는 동안 L사의 주주가치는 훼손될 수밖에 없었다. 그러나 아랑곳하지 않았다. 어차피 이사회 임원들의 임기를 보장해주는 것은 주주가 아닌 김 모 대표였기 때문이다.

작은 조직이나 모임에서도 리더의 소통 과정을 견제하는 장치나 힘이 작동한다. 아무런 견제 장치가 없다면 그 조직은 건강하지 않은 것이다. 얼마 가지 못하고 망할 가능성이 크다. 하물며 기업에서 그런 일이 벌어진다면 어떨까? 더구나 회사의 업무 집행에 관한 중요 사항을 결정하는 기관인 이사회가 지배주주의 독단과 독선을 견제하고 균형 잡는 역할을 하지 않는다면 어떤 일이 벌어질까?

앞서 언급했던 한국 기업들의 사례들을 떠올려 보자. 이사회가 일반주주의 이익은 뒷전이고 지배주주의 이익을 우선한다. 터널링을 통해 기업의 이익을 다른 곳으로 빼내는 부정부패를 벌이거나 꼼수를 부려도 이사회가 눈 감고 손을 들어준다. 더 큰 문제는 이런 일들이 너무나도 버젓이 일어난다는 점이다.

유독 한국에서는 이사회가 의사결정 과정에서 주주 전체의 이익을 고려하지 않고 특정 집단의 이익만을 위한 결정을 내리는 일이 빈번히 일어나고 있다. 특히 소유와 경영이 분리되지 않은 기업들에서 이사회가 오로지 지배주주의 이익을 위해 복무하고 있는 모습을 보면 씁쓸하기만 하다. 2015년 삼성물산과 제일모직의 합병이 가능했던 것도 이사회가 지배주주의 거수기 역할을 자임하고 나섰기 때문이다.

이런 일들이 속출하는데도 불구하고 주주들은 이에 대해 책임을 물을 방법이 없다. 상법에 명시된 면피 조항이 있기 때문이다. 상법 제382조의 3 이사의 충실 의무 조항에는 '이사는 회사를 위하여 그 직무를 충실하게 수행하여야 한다'고 적시돼 있다. 법적 쟁점이 될 때, 이는 액면 그대로 이사에게 주어진 충실 의무 대상을 '회사 이익'에 한정시키는 것으로 해석된다. 즉 이익을 지배주주에게 몰아줘도 '회사 이익'에만 부합한다면 아무런 법적 책임이 가해지지 않는 것이다. 결국 이사회의 잘못된 행태가 관행이 되고 건강하지 않은 기업 거버넌스가 고착화될 수밖에 없다.

균형 갖춘 이사회 없이는 뚝심 있는 투자자도 나올 수 없다

지배주주와 일반주주의 입장 차가 클 때 이사회가 일반주주의 입장은 고려하지 않고 지배주주 편에서만 일을 처리하는 관례는 한국 기업에서 보편화되어 있다. 상장사 N사가 자회사와 합병하는 과정에서도 이 같은 일이 벌어졌다.

N사는 자회사인 O사를 흡수합병하는 과정에서 O사의 지분 가치를 0으로 평가하고 합병 비율을 1:0으로 산정했다. 일반주주들의 100% 동의 없이 피합병회사의 지분 가치를 0으로 평가해 합병한 것은 국내 주식시장 역사상 처음 있는 일이었다. O사 주주들의 지분은 하루아침에 휴지 조각이 되었고, 이에 일반주주들은 합병무효 소송을 제기했다.

하지만 N사는 적법한 절차에 따라 합병 비율을 산정했다는 입장을 고수했다. O사의 합병가액 평가값이 마이너스가 나왔다는 게 그들의 주장이었다. 이에 대해 일반주주들은 O사는 기술 기반의 회사로 영업손실이 있더라도 기업가치가 마이너스가 될 수는 없다고 반박했다. 합병 비율이 대주주에게 유리하게 일방적으로 산정되었다는 것이 이들의 입장이었다.

결국 이사회 승인으로 주주총회가 열렸고, 이 합병 비율로 합병이 진행되었다. 이는 이사회가 주주가 아닌 지배주주만을 위한 거수기로 작용하면서 발생한 황당한 일이었다. 안타깝게도 일반주주들이 제기한 합병 무효 소송은 기각되었다. 비상식이 상식이 되어버린 결과이자 여전히 갈 길이 멀다는 사실을 실감하게 해 주는 사건이었다.

우리나라에서는 이사회가 여전히 거수기 역할에서 벗어나지 못하고 있다. 이사회 독립성에 관해 그 당위성조차 인식하지 못하는 일도 부지기수다. 최근에는 상장사 P사가 지배주주가 추천한 인물들로만 이사회를 구성했다가 금감원으로부터 '경영 유의' 조치를 받았다. 사외이사를 비롯한 등기이사 대부분이 지배주주가 추천한 인물이었기 때문이다. 지배주주와 경영진이 올바른 의사결정을 내릴 수 있도록 끊임없이 견제하는 역할을 해야 할 이사회가 지배주주가 추천한 인물들로만 구성된다면 과연 제구실을 할 수 있을지 의문이다.

이사회의 독립성은 기업의 장기적인 성장과 발전을 위해 필수적인 요소다. 이사회가 독립적으로 운영됨은 물론이고 경영진과 지배주주를 견제하는 역할을 해야 한다. 이사회가 제 역할을 수행하지 않고 거수기에 지나지 않는 한 우리나라에서 장기 투자는 결국 도박과도 같아진다. 우리나라 자본시장의 현실 속에서 포레스트 검프는 영화 속에만 존재할 뿐이다. 포레스트 검프처럼 오랫동안 기업과 동행을 이어나갈 뚝심 있는 투자자들이 나오기 위해서는 이사회의 독립이 절실하다.

초대하지 않은
초대장을 받은 주주들

"귀하의 이름은 초대자 명단에 없습니다. 죄송하지만 입장하실 수 없습니다."

"네? 뭐라고요? 저는 이 회사의 차량을 소유하고 있고 초대장도 받았는데 무슨 말씀하시는 겁니까?"

모터쇼의 초대장을 받은 상욱 씨는 행사장 앞에서 직원과 실랑이를 벌이다가 결국 입장하지 못한 채 발길을 돌려야만 했다. 초대장을 손에 쥐고 있었지만 명단에 없다는 이유로 쫓겨난 것이다. 분명 착오가 있을 거라고 항변해 봤지만 초대장을 보낸 적이 없다는데 더는 할 말이 없었다.

일반적으로는 이런 황당한 경우를 겪을 일이 많지 않다. 하지만 우리나라 주식시장에서는 기업의 주인인 주주들이 주주총회에 참석하지 못하는 어이없는 일이 매년 벌어지고 있다.

주주가 문전박대 당하는
주주총회

주주가 모여서 회사의 주요 안건에 대해 의사를 결정하는 곳이 주주총회다. 주식을 단 한 주라도 소유하고 있다면 주주총회에 참석해서 의결권을 행사할 수 있다. 하지만 주주들이 주주총회에 참석하는 일은 드물다. 그나마 일부 주인의식을 가진 주주들이 휴가를 내고 먼 곳까지 가서 참석하는 경우가 있긴 하지만 아직까지 소수에 불과하다. 주주들이 주주총회에 참석하지 않는 이유는 회사에 대한 애정이 없어서일까? 나는 그보다는 주주들을 위한 회사의 배려가 부족하기 때문이라고 생각한다.

주주들이 주주총회에서 자신의 권리를 제대로 행사하지 못하는 이유는 여러 가지가 있다. 우선 많은 기업들이 서로 입을 맞춘 듯 특정 날짜 비슷한 시간대에 주주총회를 개최한다. 소위 '떼주총'이라 불리는 관행이 매년 반복된다. 이는 회사가 일반주주들의 참여를 꺼리고 주총을 통과의례 정도로 여겨 벌어지는 풍경이다.

평일 중에, 그것도 접근성이 떨어지는 곳에서 열리는 경우도 있다. 2022년 3월 카카오는 제주도에서 주주총회를 열었다. 당시 시가총액 7위의 대기업이었음에도 일반주주는 5명밖에 참석하지 못했다. 주주총회 또한 20분 만에 끝났다. 사측에서는 200여 석을 마련했다고 하지만 서울이 아닌 제주도에서 주주총회를 연 것 자체가 일반주주들의 참여를 염두에 두지 않은 처사라고 볼 수 있다. 본사가 제주도에 있다는 것은 핑계에 불과하다. 주주총회를 반드시 본사에서 열어야 한다는 규정은 없으며, 주주들의 참여를 독려하기 위해 일부러 접근이 편리한 넓은 장소를 대관하는 기업들도 있다. 게다가 당시 주총에는 주요 경영진들도 참석하지 않았다. 이는 경영진이 주주총회를 어떻게 생각하고 있는지를 보여주는 단적인 예라 할 수 있다. 국민기업이라 불리는 회사의 초라한 주주총회가 우리 국민들의 마음을 씁쓸하게 할 뿐이다.

수도권에서 주주총회가 열린다고 해서 주주총회를 대하는 경영진의 자세가 달라지는 것은 아니다. 행사 시간도 굉장히 짧지만 그 시간마저도 사측 직원들의 형식적인 발언들로 채워진다. 심지어는 자리가 꽉 찼다는 이유로 문전박대를 당하는 경우도 있다. 그들에게는 주주총회가 달갑지 않은 연례행사인 것이다.

2022년 1월, 포스코는 지주사 체제 전환 여부를 결정하는 임시 주주총회에 용역을 동원하여 일반주주들의 입장을 봉쇄해 논란이 되었다. 주주총회가 열린 날 포스코센터에 도착한 주주들은 웬 남성들이 입구를 통제하고 입장을 가로막았다는 경험담을 전했다. 주주총회 당일 행사장 앞에서 입장 제한을 통보한 것은 말 그대로 주주들을 '문전박대'한 것이나 다름없다.

게다가 포스코의 이런 행태는 처음이 아니었다. 주주총회 때마다 일반주주들의 참석을 방해해 왔다는 증언도 잇따라 나왔다. 이는 엄연히 주주의 정당한 권리를 제한한 것으로 이러한 사실이 알려지며 포스코에 대한 비난의 목소리가 높아졌다. 이날 임시주총에서 포스코는 출석 주주 약 89%의 찬성으로 지주사 체제 전환 안건을 가결했다. 이에 따라 포스코홀딩스는 상장사로 출범하고 포스코는 비상장사로 남게 되었다.

주주 모두가 의결권을 행사할 수 있는 전자투표제

일반주주들의 주주총회 참여와 의결권 행사 문제를 어느 정도 해결해 줄 수 있는 제도가 있다. 전자투표제이다. 이는 주주가 주주총회에 직접 출석하지 않고 인터넷을 통해 전자투표 시스템에 접속하여 의결권을 행사할 수 있는 제도다. 시간과 공간의 제약을 받지 않아 주총 참여율을 높이고, 주주 입장에서도 의결권을 간편하게 행사할 수 있는 것이 특징이다. 아울러 기업 입장에서도 주주와의 소통 강화나 투명성 확보로 회사 이미지를 제고할 수 있는 장점이 있다.

문제는 기업들이 이 제도를 적극적으로 채택하지 않고 있다는 데 있다. 주주총회의 전자투표제는 회사가 자율적으로 선택할 수 있다 보니 적극적으로 채택하는 회사들이 드물다. 특히 물적분할이나 합병, 경영권 승계 등 일반주주에게도 중요한 안건이 포함된 경우, 기업들은 전자투표 도입에 미온적인 태도를 보이기도 한다.

그럼에도 최근 몇 년 사이 전자투표제를 도입하는 기업들이 눈에 띄게 늘고 있다. 전자투표 플랫폼 서비스를 제공 관리하는 한국예탁결제원에 따르면, 2023년 3월 정기 주총에서 전자투표로 의결권을 행사한 주식 수는 약 52억 3,000만 주로 의결권 행사가 가능한 전체 주식 수(약 512억 6,000만 주)의 10.2% 수준으로 집계됐다. 아직 만족할만한 수준은 아니나 2017년 전자투표제가 도입된 이래로 2021년에는 4.6%, 2022년에는 9.7%로 꾸준히 상승하는 추세다.

법무부는 최근 전자투표제에서 한발 더 나아가 주주총회 통지와 투표, 회의 등 주총 자체를 온라인에서 할 수 있도록 하는 전자 주총 제도에 관한 내용을 담은 상법개정안을 입법예고했다. 개정안이 시행되면 모든 주주가 온라인 공간에 출석해 의결권을 행사하는 '완전 전자 주총'과 온·오프라인 주총을 동시에 열어 각자 희망하는 방식으로 출석 및 투표하는 '병행 전자 주총'이 법적으로 가능하게 된다.

중요한 것은 제도의 정착과 활성화다. 전자투표제는 아직 의무사항이 아니기에 회사마다 자신들의 입장을 고려해서 선택적으로 활용하는 상황이다. 특히 총수 일가가 지배권을 장악하고 있는 대기업 같은 경우 전자투표제 채택률이 낮다. 이러한 이유로 최근 들어 특별 결의가 필요한 주주총회 안건에 대해 전자투표 '의무화' 방안을 검토해야 한다는 주장도 확산되고 있다. 전면 의무화가 어렵다면 최소한 정관 변경이나 합병·분할처럼 주주 이익에 직접적인 영향을 미치는 중요한 안건에 대해서는 전자투표를 무조건 의무화하는 것도 좋은 방안이다.

제도적으로 전자투표제가 의무화되고, 전자 주총이 전면 도입된다면 일반주주들의 주총 참여율과 의결권 행사 비율이 지금보다 훨씬 높아질 것이다. 이는 분명 기업 거버넌스에도 긍정적인 영향을 줄 것이다.

이제 우리나라도 기업 거버넌스 선진화에 대해 공감대를 형성하는 단계에 와있다고 생각한다. 앞으로 일반주주들의 권리를 외면하는 기업은 지속적인 성장을 보장할 수 없는 이유다. 그런 측면에서 일반주주의 이익을 위하는 경영 방침은 더욱더 중요한 투자 지표가 될 것이다.

솜방망이가
우스운 사기범들

자본시장이 커짐에 따라 함께 증가한 것이 금융 범죄다. 주가조작부터 다단계 금융사기, 회계 부정, 편법 거래 등 그 형태와 종류도 다양하다. 세계 경제에 파장을 일으킨 미국의 엔론 파산 사태부터 도이치뱅크 옵션 쇼크, 최근 소시에테제네랄(SG) 증권발 주가 폭락 사태, 천문학적인 대규모 환매 중단이 발생한 라임자산운용 사태, 청년층까지 울린 테라-루나 코인 사태까지 사람들의 기억에 깊게 각인된 금융 범죄 사건들이 적지 않다.

이런 일이 일어날 때마다 가장 피해를 받는 이들은 다름 아닌 투자자들이다. 평생을 모은 전 재산을 잃고 비극적 선택을 하는 이들도 생겨난다. 그런 의미에서 금융 범죄는 살인죄나 다름없다. 오히려 그 영향이 광범위하다는 점에서 더 중대한 범죄일지 모른다. 그런데 이상하게도 우리나라에서는 금융 범죄에 대한 처벌의 수위와 강도가 지나치게 낮다.

기업인들의 만연한 횡령·배임, 어떻게 볼까

공공연하게 공공의 적으로 비난받는 사기꾼들의 금융 범죄도 문제지만, 자본시장에서 만연하게 벌어지는 기업인들의 횡령·배임이나 자본거래와 손익거래를 통해 발생하는 다양한 범죄도 문제다. 근본적으로는 사기 범죄와 다르지 않다.

특히 우리나라는 회사의 경영진이나 지배주주들이 기업가치를 훼손하며 불법적으로 사익을 편취했음에도 불구하고 집행유예로 나오는 상황이 빈번하게 벌어지고 있다. 심지어는 주주들의 권익을 침해하여 형사처벌을 받았는데도 경영권을 그대로 행사한다. 이는 우리 사회의 현주소를 보여준다. 구시대 유물인 줄 알았던 '유전무죄, 무전유죄'의 잔재가 현시대에도 여전히 남아 있는 것이다. 잘못을 하면 그에 응당한 처벌을 받아야 하고 이는 누구에게도 다르게 적용되어서는 안 된다.

우리나라에서는 기업인들이 횡령·배임 등의 혐의로 기소되어도 집행유예를 선고받는 비율이 높다. 경제개혁연구소의 '재벌 총수 일가와 전문경영인의 배임·횡령 등 범죄와 형사처벌·취업제한 현황' 자료에 따르면 2011년 1월부터 2021년 5월까지 형이 확정된 기업인 18명 중 9명은 집행유예로 풀려났고, 실형을 받았더라도 형기를 모두 채우고 출소한 경우는 없다는 조사 결과가 나왔다. 즉 기업인들이 범죄를 저질러도 집행유예를 선고받는 경우가 많으며 실형을 받더라도 사면이나 가석방을 통해 풀려나는 것이 관례처럼 되어 있는 것이다.

완전자본잠식이 예상되던 계열사의 유상증자에 참여토록 해 회사에 180억 원의 손해를 끼친 혐의로 기소된 상장사 Q사의 명예회장이 징역 3년에 집행유예 4년을 받은 사건이 대표적이다. 당시 재판부는 △회사의 이익을 위한 것인 점 △개인 이득이 없고 오히려 개인적으로 손실을 입은 점 △손해가 일부 회복된 점 △범행이 그의 적극적이고 일방적인 지시가 아닌 전문경영인들의 건의를 수용하거나 보고를 받고 이를 승인하는 방식으로 이뤄져 범행에 소극적으로 관여한 점 △고령인 점 등을 유리한 양형 요소로 반영했다고 밝혔다.

지배주주에 대한 처벌뿐만 아니라 전문경영인에 대한 처벌도 형량이 낮다. 일례로 계열사 부당지원으로 회사에 1,500억 원대의 손실을 끼친 혐의 등으로 기소된 R그룹의 전문경영인들이 집행유예 선고를 받은 일이 있다. R그룹 회장의 지시로 소극적으로 가담한 점, 개인의 이득을 취하지 않은 점, 초범이거나 벌금형 이상의 전과가 없는 점 등이 참작되었다고 한다.

그러나 회사 대표가 실질적 사주의 지시를 받았다는 이유로 감경하는 것은 전문경영인이 자신의 역할을 다하지 못했음에도 가볍게 처벌하는 것과 마찬가지다. 이는 성범죄나 보이스피싱 등 다른 범죄의 경우 소극적 가담자라도 엄벌하고 있는 점을 감안할 때 형평성에 어긋난다고 볼 수밖에 없다.

횡령·배임에도 다시 경영 복귀하는 총수들

횡령·배임 등의 범죄 행위로 사회적 물의를 일으키고도 임원으로 기업에 복귀해 수십억 원의 보수를 챙기는 기업 총수들의 모습은 자본시장의 신뢰를 떨어뜨리는 주요 요인 중 하나다. 취업제한 규정 위반도 서슴지 않을뿐더러 무보수 미등기임원은 취업이 아니라는 이유로 법망을 회피하는 사례도 있다.

S사의 회장은 계열사 법인 자금을 자녀에게 담보 없이 빌려주는 등 130억 원이 넘는 규모의 배임을 저지른 혐의로 기소돼 대법원에서 징역 3년·집행유예 5년이 확정된 바 있다. 그러나 집행유예 기간에 회사의 대표이사로 취임해 논란이 됐다. 법무부가 이를 불승인하자 취소 소송을 냈으나 결국 패소한 후 대표이사 및 등기이사에서 물러났다. 하지만 그는 이에 굴하지 않고 미등기임원으로 50억 원이 넘는 보수를 받은 것으로 알려졌다.

또 다른 사례도 있다. 상장사 T사의 회장은 계열사를 이용해 자신의 개인 회사를 부당 지원한 혐의로 기소되어 2심에서 유죄를 선고받았다. 검찰은 부당지원으로 지급된 수수료가 약 30억 원에 이르는 것으로 파악하고 있다. 법원은 독점규제 및 공정거래에 관한 법률 위반 혐의로 수억 원의 벌금을 선고했다. 이런 범죄 행위에도 불구하고 그 역시 미등기임원 자격으로 약 40억 원의 보수를 받은 것으로 나타났다.

이런 비상식적인 일들이 계속 벌어지는 데에는 기업인들의 범죄 행각에 대해 안일하게 여기는 국민들의 인식도 한몫한다. 라임 사태나 SG증권발 폭락 사태와 같은 금융사기 사건들만 문제시하고 그것만 피하면 될 일이 아니다. 직접적으로든, 국민연금을 통해 간접적으로든, 우리는 이미 기업에 돈을 투자하고 있다. 지배주주나 경영진들에 의해 기업에 문제가 생기면 결국 우리가 손해를 입는 것이다. 우리가 투자자로서 적극적으로 감시하고 견제해야 하는 이유다.

내 경험으로 볼 때 투자자들의 적극적인 행동은 기업인들의 만행을 어느 정도 줄일 수 있다. 개인투자자로서 할 수 있는 것이 없다고 생각할지 모르나 그렇지 않다. 주주총회에 참석해서 의견을 개진하고, 주주제안을 하거나 주주서한을 보내고, 평소 회사관계자들과 교류하는 것만으로도 지켜보는 눈이 있다고 인식하게 되고 범죄 가능성을 상당히 낮출 수 있다.

솜방망이 vs. 불방망이

우리나라는 금융 범죄에 대한 처벌 강도가 유독 가볍고 약한 편이다. 그래서인지 횡령, 배임 등 각종 금융 범죄가 끊이질 않고 일어난다. 심지어 우스갯소리로 감옥 잠깐 다녀와서 수백억 원을 버니 이득이라는 말도 나오는 지경이다. 미국의 경우와 비교해도 한국의 금융사범 처벌 수위가 얼마나 낮은지 알 수 있다.

2007년 대규모 폰지 사기가 발생했고 피해자가 3,000명, 피해 금액은 800억 원에 달했다. 그럼에도 가해자들은 징역 8년 형에 벌금은 겨우 10억 원을 선고받았다. 2016년 벌어진 또 다른 폰지 사기 역시 200명이 넘는 피해자들에게 270억 원대 손해를 입혔다. 그러나 이에 대한 처벌은 고작 징역 3년 6개월 실형과 벌금 100억 원을 선고받은 것이 다였다.

반면 미국은 금융 범죄에 대한 처벌 수위가 사뭇 다르다. 폰지 사기를 저지른 메이도프는 벌금 650억 달러, 징역 150년을 선고받았으며 끝내 옥중에서 사망했다. 2001년 미국의 엔론 파산 사태에 대한 처벌은 어땠을까? 분식회계를 통한 주가조작 혐의로 케네스 레이 회장은 징역 24년, 제프리 스킬링 CEO는 징역 14년을 선고받았다. 단순히 비교해도 한국에 비해 형량이 상당히 높은 것을 알 수 있다.

이처럼 한국에서 금융 범죄에 대한 처벌 강도가 낮은 것은 아직도 금융 범죄 관련 법률이 미흡하기 때문이다. 금융 범죄의 유형이

다양해지고 복잡해진 것에 반해 기존의 법률은 이를 따라가지 못하는 실정이다. 효과적으로 처벌하기 어려울 수밖에 없는 이유다.

미국은 개별 범죄마다 형을 매긴 후 합산하는 '병과주의'를 채택하고 있는 데다 유기징역 상한이 없어 처벌 수위가 높다. 반면 한국은 가중 처벌을 받아도 최대 양형 기준이 징역 15년에 불과하기 때문에 처벌 수위가 낮은 편이다. 이처럼 범죄의 심각성에 비해 처벌 수위가 약해 범죄를 제대로 단죄하지 못하는 것에 대해서는 논란이 계속 되어왔다.

처벌이라는 것은 범죄가 일어나지 않게 하기 위한 수단 중 하나다. 물론 처벌만이 능사는 아니며 다양한 시스템과 예방책을 마련해 범죄 자체를 막는 것이 더 중요하다. 그렇다 하더라도 죄를 저지른 사람에 한해서는 마땅한 처벌을 받게 하는 것이 순리다. 처벌이 지나치게 가벼워 우습게 여겨지면 사람들이 경각심을 갖지 않는 것은 너무나 자명하다. 가해자들이 합당한 벌을 받을 수 있도록 법체계를 정비하고 처벌의 수위를 높여야 하는 이유다. 이제는 솜방망이가 아닌 불방망이 처벌이 필요한 때다.

수익률에 관심 없는
이상한 투자자

국민연금은 우리나라 단일 투자자로서 압도적인 1대 주주다. 세계적으로 규모를 비교해 봐도 일본, 노르웨이에 이어 3대 연기금으로 꼽힌다. 최근에는 국민연금의 적립 기금 규모가 증가하면서 안정적인 수익 기반을 마련하기 위해 해외투자 비중을 확대하고 있다. 하지만 여전히 우리 자본시장에서 국민연금이 차지하는 영향력은 상당하다. 더구나 국민연금은 국민의 노후 자산인 국민연금기금의 관리와 운용을 맡은 수탁자로서 국민의 자산을 잘 보호하고 증진해야 할 책임이 있다. 국민연금의 현명한 의결권 행사가 중요한 이유다.

최근 들어 조금씩 변화가 나타나고 있긴 하나 사실 국민연금의 의결권 행사와 관련한 문제는 오랫동안 논란의 중심에 있었다. 국민의 자산 증식을 우선하기는커녕 주주총회의 거수기 역할을 하거나 원칙 없는 주주권 행사 문제로 비판받은 것이 어제오늘 일이 아니다.

국민연금의 원칙 없는 주주권 행사

그동안 국민연금은 주가가 부진한 지주회사에 혹 하나 더 붙이는 사안에 찬성표를 던지거나, 장기 주가 전망에 결코 긍정적이지 않은 사안에도 반대표를 행사하지 않아 논란을 불러왔다. 심지어 물적분할에 찬성표를 던졌다가 그 후 주가가 폭락하여 국민연금기금 손실로 이어지게 하기도 했다. 이는 전 국민이 피해를 받게 만든 것이나 다름없는 일이다.

원칙 없는 의결권 행사로 감사원의 지적을 받기도 했다. 대표적으로 임원 선임과 관련하여 같은 인물을 두고도 전혀 다른 의사결정을 하여 도마에 올랐다. U그룹의 계열사 간 합병 건이 진행될 때 존속법인 사내이사 후보로 오른 이 모 씨에 대해 반대표를 던졌으나 수개월 후 U그룹의 다른 계열사가 이 모 씨를 기타비상무이사로 선임하려 하자 이번엔 찬성표를 던졌다. 이후 이 모 씨가 또 다른 계열사에 기타비상무이사에 선임될 때는 찬성했다가 U그룹의 지주회사에 사내이사로 선임될 때는 반대표를 던지는 식으로 황당한 행보를 보였다. 이에 대해 감사원은 "임원 선임 관련 의결권 행사 시 객관적으로 기업가치 훼손이나 주주권익 침해 이력 등 내부 판단기준에 따라 일관성 있게 의결권을 행사하길 바란다."며 주의를 줬다.

다행히도 최근 들어 국민연금은 의결권 행사와 관련하여 과거 '기업의 거수기', '주총 거수기'라는 비판을 받아온 것과는 사뭇 달라진 모습을 보이고 있다. CEO나 이사 선임 등 기업 지배구조와 관련된 안건에 특히 적극적으로 의견을 제시하며 자기 목소리를 내고 있는 것이다. 이와 관련하여 '스튜어드십 코드(Stewardship Code)*' 제도가 새삼 주목받고 있다.

스튜어드십 코드란 국민연금과 같은 기관투자자들이 수탁자로서 주주 이익과 공익을 위한 기업 의결권 행사에 책임을 다하도록 유도하기 위해 마련된 것으로, 이에 따른 행위 준칙을 담은 자율지침이다. 기관투자자의 의결권 행사는 물론 주주제안**이나 주주대표소송***과 같은 능동적인 주주권 행사를 강화하여 기업의 지속 가능 성장에 기여하고 이를 바탕으로 고객 이익을 극대화하는 것

---

* 연기금과 자산운용사 등 주요 기관투자자들의 기업 의결권 행사 시 적극적인 경영 감독을 유도하기 위해 마련된 기관투자자들의 자율지침이다.

** 주주가 일정한 사안에 대해 주주총회의 안건으로 직접 제시하는 것을 말한다. 주주제안을 하려면 상장법인의 경우 자본금 1천억 원 미만 기업은 지분 1% 이상, 1천억 원 이상 기업은 지분 0.5% 이상을 6개월 이상 보유해야 하며, 주주총회일 6주 전에 서면으로 제출해야 한다.

*** 소액주주들이 일정 지분 이상의 의결권을 모아 집단으로 내는 소송으로 지배주주나 경영진의 전횡을 견제하기 위한 수단으로 이용된다.

이 목적이다. 스튜어드십 코드는 2010년 영국이 처음 도입한 이래로 네덜란드, 스위스, 캐나다, 홍콩, 일본 등에서도 도입하여 운용하고 있다. 우리나라는 2016년부터 시행했으며 최대의 기관투자자인 국민연금이 2018년 도입하면서 본격적으로 운용하게 되었다.

우리나라에 스튜어드십 코드가 도입될 당시에는 반대 의견도 있었다. 민간 기업에 대한 기관투자자들의 영향력이 확장되어 기업 경영의 자율성을 훼손할 수 있다는 점을 우려한 것이다. 그러나 내 생각은 달랐다. 특히 지배주주에게 힘이 쏠려 있는 우리나라 특성상 스튜어드십 코드 도입은 꼭 필요하다고 생각했다. 다만 기관투자자들의 권리 행사 기준이 명확하다는 전제하에서 말이다.

국민연금의 일관성 없는 의결권 행사에 대해 우려하는 목소리는 여전히 제기되고 있다. 국민연금의 수탁자책임 활동 지침은 의결권 행사의 기준을 제시하고 있지만 일부 기준은 모호하거나 여러 다른 해석의 여지가 있다. 국민연금이 의결권을 행사할 때 자의적 판단을 내릴 가능성이 있는 것이다.

또한 수탁자책임전문위원회(수탁위)는 가입자 단체 추천을 받은 사람만 위촉할 수 있는데, 이로 인해 다양한 분야의 전문가 구성에 어려움이 있어 여러 관점을 균형 있게 고려하지 못하는 결과를 초래하기도 한다.

이런 문제로 인해 현행 국민연금의 책임투자 활동에 대한 의사

결정 구조를 개편해야 한다는 주장도 나오고 있다. 국민연금의 의결권에 대해 신뢰를 높이기 위한 안전장치로 수익률 제고를 목적으로 한 재정비와 현행 '수탁자책임 활동지침'에 대한 전면 개정을 요구하는 것이다.

국민연금의 의결권 행사 자체를 두고도 각자가 처한 입장에 따라 서로 다른 반응이 나오기도 한다. 재계에서는 정부가 국민연금을 통해 기업의 경영권이나 지배권에 간섭하며 영향력을 행사할 수 있다며 불만을 제기한다. 하지만 일부 시민단체에서는 주주로서 의결권 행사는 당연한 일이자 기관투자자의 이러한 움직임은 일반주주의 이익에 힘을 싣는 변화라며 반기고 있다.

입장 차로 인한 이런 논란은 앞으로도 계속될 것이다. 이럴 때일수록 중요한 것이 있다. 국민연금의 기금 운용과 의결권 행사 문제는 미래 세대에도 지대한 영향을 미치는 만큼 중장기적으로 확고한 철학과 원칙을 가져야 한다는 사실이다. 그리고 그 중심은 반드시 수익률이어야 한다는 것이 내 생각이다.

의결권 행사의 가장 중요한 기준은 수익률 제고

국민연금의 의결권 행사가 논란이 되는 것은 어떤 부분 때문일까? 지난 2022년 2월 국회의원회관에서 열린 '주주 민주주의' 관련 세미나에서 〈머니투데이〉 유일한 부장은 국민연금 의결권 행사 원칙에 대해 "수익률 제고를 중심에 두고 의결권을 행사하는 것이 맞다."며 "그 외 다른 것들이 개입되는 순간 여러 가지 정치적인 이슈나 움직임에 휘말릴 수밖에 없고, 이는 주주가치 훼손으로 귀결될 수밖에 없다."라고 말했다. 나 역시 같은 생각이다. 국민연금은 국민의 노후자금을 투자금으로 활용하는 곳이고, 수익률 제고가 의결권 행사의 제1원칙이 되어야 함은 너무나 당연하다. 특히 미래 세대를 위해서라면 더욱 그렇다.

수익률을 올리기 위한 국민연금의 자체 방안으로는 두 가지가 있다. 하나는 주주가치 제고를 위해 기업에 배당성향 증대를 요구하는 것이다. 앞서 말했듯, 국민연금은 막대한 투자 규모, 높은 지분율, 공공성으로 인해 그 영향력이 매우 크다. 판을 바꿀 힘이 있는 것이다. 즉 기업들에게 적극적으로 배당성향 증대를 요구해서 수익률 제고라는 목표를 달성할 수 있다. 그 절차는 어렵지 않다. 이미 주주제안이라는 제도가 잘 마련되어 있기 때문이다.

수익률을 올리기 위한 또 다른 방안은 운용 인력의 경쟁력 제고다. 전술적 배분 효과를 얻기 위해서는 운용 인력의 역량 제고가 급선무다. 현재 국민연금 운용 인력들의 역량은 업계의 우려 사항 중 하나다. 공단의 성격상 운용 성과 부진 시 해고 등의 적극적인 인사가 어렵고, 능력 있는 운용역은 거래처를 활용해 퇴사하는 등 속속 빠져나가고 있다. 국민연금의 경우 위탁운용사의 운용역은 장기근속하는 데 반해 정작 국민연금 내에 있는 위탁운용 담당자는 계속 바뀌면서 시너지를 내기 힘든 상황이다.

국민연금의 거버넌스 또한 사상 최악의 수익률을 낸 주범이다. 이익집단 대표, 정치인, 공무원들이 연금의 운용 전반을 좌우하는 시스템은 그야말로 총체적 난국이다. 예를 들어 최고 의사결정 기구인 기금운용위원회 20명 모두가 비전문가로, 펀드매니저는 단 한 명도 없다. 국민연금의 수익률 제고와 이를 위한 기관의 전문성과 독립성 확보가 무엇보다 시급하다. 국민연금을 포함하여 연금정책을 통합 관리할 연금청 설치가 필요하다는 정치권의 목소리에 귀가 솔깃해지는 이유이기도 하다.

우수 인재 유치를 위해 과감한 보상책을 내놓는 것도 필요하다. 무엇보다 국민연금에 가면 제대로 일을 배울 수 있다는 인식이 생겨야 한다. 이런 고질적인 문제가 해결되면 연기금의 운용수익률도 향상되고 외국인 투자자금도 유입될 수 있을 것이다. 그렇게 되면 자연스레 가계 자산의 증가도 기대해 볼 수 있을 것이다.

이런 목소리에 국민연금도 반응을 보이고 있다. 기금의 장기적이고 안정적인 수익 증대를 위해 국민연금과 기업의 동반성장을 위한 투자가 될 수 있도록 사회적 합의(가입자 대표로 구성한 기금운용위원회 의결로 기금운용지침, 수탁자책임 활동지침 등 마련)에 기초한 원칙과 기준을 마련해 이행해 가겠다고 한 것이다.* 이는 국민연금 수

---

* 지난 2022년 10월 신임 조규홍 보건복지부 장관이 인사청문회를 앞두고 보건복지위원회에 사전 제출한 서면질의 답변서에서 '국민연금 책임투자 활동 재정비' 관련 의견 중.

탁자 책임 활동 기준을 장기 투자자로서 국민연금의 수익률 제고
와 가입자 이익을 위해 살펴보겠다는 의미이기도 하다.

국민연금, 국내 투자 늘리고 배당성향 증대 요구해야

국민연금은 국민의 노후 생활을 안정적으로 보장하기 위한 중요
한 사회 안전망이다. 국민연금의 고갈은 국민의 노후 생활에 큰 위
협이 될 수 있다. 전문가들은 국민연금의 고갈 시점을 2055년으
로 보고 있다. 향후 예상되는 평균 수익률을 4.5%로 계산해서 나
온 수치다. 누가 보더라도 개혁이 필요한 시점이며, 골든 타임을
놓치지 말아야 한다.

　수익률을 1%p 높이면 국민연금의 고갈 시점을 2060년으로, 5
년 더 늦출 수 있다. 국민연금의 규모를 고려하면 1%p가 절대 작
은 숫자가 아니다. 시각을 달리하면 방법이 보인다. 우선 국민연금
의 국내 주식투자 비중을 늘리고 배당성향 증대를 요구하는 것이
다. 이런 간단한 방법으로도 수익률을 올릴 수 있다.

　혹자는 이 경우 장기적으로 국내 기업의 동력이 상실될 거라고
우려한다. 그러나 나는 그렇게 생각하지 않는다. 기업에서 흘러나
간 배당금이 국민연금과 국민들에 의해서 재투자 될 것이기 때문
이다. 오히려 그 선순환이 국민의 자산을 키우고 수익률을 높이는
데 큰 공헌을 할 것이다.

운용수익률을 높이는 차원의 기금 운용 개혁이 우선되고 이와 더불어 제도 개혁이 함께 이루어진다면 연금 재정은 획기적으로 안정될 수 있다. 보험료율 인상이나 연금 수령 나이 상향과 같은 단기적인 처방으로는 해결될 수 없음을 우리는 잘 알고 있다. 다시 한번 강조하지만 국민연금 개혁을 위한 제1원칙은 수익률, 제2원칙도 수익률이 되어야만 한다.

거버넌스 리스크가
주주 리스크로
돌아오지 않으려면

주식회사 제도와 증권시장은 인간이 만들어낸 최고의 공유 시스템이다. 오랜 산업의 역사를 통해 이를 증명해왔다. 돈이 없다 해도 아이디어와 열정만 있으면 누구나 사업을 시작할 수 있다. 그것을 믿고 자금을 투자하는 이들이 있기 때문이다. 주식회사 제도와 증권시장이 성숙하게 자리 잡으면 국가나 기업만이 아니라 국민도 부유해진다. 사회 전체의 성장이 궁극적으로 국민에게 돌아가기 때문이다.

이와 같은 사실에도 불구하고 우리나라 국민들은 주식회사 제도나 증권시장에 크게 관심을 두지 않는다. 자본시장 참여도도 굉장히 낮은 편이다. 부를 거머쥘 수 있는 열쇠가 앞에 놓여 있는데도 취하려 하지 않는 것이다.

도대체 왜 그런 것일까? 오랫동안 고민해 온 문제다. 가장 큰 이유는 무엇보다도 실제 주식투자를 통해 얻은 좋은 경험치가 많지 않기 때문으로 짐작된다. 그래서인지 일반 국민들뿐만 아니라 국회의원, 고위 공직자, 학계 인사와 같은 사회 지도층들도 주식투자를 단순히 돈벌이 수단으로만 여긴다. 문제는 각종 법과 제도를 마련하여 투자 환경을 개선하고 국민들의 투자 활동을 독려해야 할 사회 지도층마저도 투기라고 여기며 관심을 두지 않는 데 있다. 현실이 이렇다 보니 자본시장의 문제점을 개선하기 위해 노력하는 사람 또한 극소수다. 당연하게도 그 목소리가 커지기는 쉽지 않다. 문제를 지적하고 대안을 마련해 해결하려는 노력도 부족할 수밖에 없다.

한국 기업의 거버넌스가 왜곡된 이유

거버넌스(Governance)란 일반적으로 다양한 사람들이 공동의 관심사에 대한 네트워크를 구축해 문제를 해결하는 방식을 의미한다. 그중에서도 기업 거버넌스는 기업의 경제활동을 둘러싼 이해관계자들의 의사결정 구조와 운영방식을 총칭한다. 여기에는 그 근간이 되는 권한과 책임, 위험과 보상을 어떻게 분배할 것인가를 정하고 실천하는 일이 포함된다. 우리나라에서는 기업 거버넌스가 기업 지배구조라는 말로 통용되기도 한다.

기업 거버넌스의 핵심은 기업의 이익과 기업가치 극대화라는 공동의 목표를 이루기 위하여 이해관계자들이 함께 소통하고 나아가는 것이다. 이때 이해관계자는 주주, 이사회, 경영진, 임직원, 고객, 협력 업체, 지역공동체 등을 모두 포함한다.

만약 거버넌스가 건강한 기업이라면 이해관계자 모두의 공동 이익을 추구하며 지배주주와 경영진만이 아니라 일반주주, 임직원까지 모든 구성원이 함께 참여 가능한 구조로 의사결정을 내릴 것이다. 이와 반대로 거버넌스가 왜곡되었거나 불투명한 기업이라면 어떨까. 일반주주의 이익보다는 지배주주의 이익을 우선시하거나, 이사회가 한쪽 편에만 서서 최고경영자를 대변하는 식으로 의사결정을 할 가능성이 크다. 또한 기업가치를 높이는 데 관심을 두기보다 지배주주의 이익을 극대화하는 데 집중하려 할 것이다.

미국의 자산운용사인 달튼 인베스트먼트(Dalton Investment)는 지난 2019년 대한민국에 보내는 서한을 통해 성과를 잘 공유하지 않는 한국 기업들의 자본 배분 문화가 코리아 디스카운트의 주요 원인이라고 지적한 바 있다. 이는 자본 배분 문화가 싹트기 어려운 한국 기업들의 왜곡된 거버넌스를 공개적으로 문제 삼은 것이라 할 수 있다.

공정거래위원회의 〈2021년 공시대상기업집단 주식 소유 현황 분석·공개〉 자료에 따르면, 총수가 있는 국내 60개 공시대상

기업집단의 내부 지분율은 평균 58%로 나타났다. 이중 총수 일가의 직접 보유 지분율은 평균 3.5%이었다. 나머지는 계열사 지분 51.7%, 기타 비영리법인, 임원, 자사주 지분 등이 2.8%였다. 결국 한국의 60개 그룹 대기업 집단은 3.5%의 소수 지배권으로 순환출자* 하여 58%의 경영 지배권을 쥐고 있는 셈이다. 이를 반대로 말하면 96.5%의 지분을 가진 일반주주들이 42%의 의결권밖에 가질 수 없다는 뜻이기도 하다.

현실이 이렇다 보니 지배주주는 배당을 선호하지 않는다. 보유 지분이 적으니 배당을 하면 자신에게 돌아오는 몫이 한정적이기 때문이다. 결국 터널링과 같은 꼼수에 초점을 맞추는 이유다. 한국에서 일반주주가 피해를 보는 사례도 상당 부분 기업 거버넌스 문제에서 비롯된 것이다.

한국 기업인들은 '주식회사는 주주들의 소유'라는 주주 자본주의적 인식도 부족하다. 특히 증시에 상장한다는 것은 사적 영역에서 공적 영역으로 넘어옴을 의미한다. 그런데 여전히 많은 기업인들이 상장사를 개인 소유의 사기업처럼 여긴다. 심지어 대대로 물려받는 가문의 자산으로 인식하기도 한다. 그 결과 자녀 승계를 위해 관계사를 만들어 일감을 몰아주고, 직원 급여는 적게 주면서 지배주주이자 경영자에게는 수십억 원씩 급여를 책정하는 일이 공

---

* 한 그룹 내에서 계열사들끼리 돌려가며 출자를 하여 자본을 늘리는 것을 말한다.

공연하게 벌어지는 것이다.

서울대학교 박상인 교수는 《지속 불가능 대한민국》에서 한국의 재벌 기업 문화와 기업 거버넌스에 대해 이렇게 이야기한다.

"미국식 기업 거버넌스를 도입했지만 제대로 작동하지 않았다. 소유 지배구조가 다르기 때문이다. 우리나라는 재벌 체제지만, 미국은 뉴딜을 통해 재벌이 해체됐고 이런 소유 지배구조 하에서 전문경영인과 주주 사이의 이해 상충을 해소하기 위해 사외이사나 주주 소송 제도 등이 도입된 것이다. 그런데 우리나라는 총수가 있는 재벌 체제이기 때문에 이해 상충의 문제는 총수로서 경영하는 기업의 대주주와 소수주주 사이에서 생기고 결국 소수주주 착취 문제로 이어진다. 일감 몰아주기를 하거나 계열사 간 M&A를 할 때 합병 비율을 조정하는 등 대주주가 소수주주를 착취하는 이해 상충의 사례가 많이 늘어나고 있다."*

위 글에서 지적한 바와 같이 한국의 기업 문화에서 미국식 기업 거버넌스는 아직 제대로 작동하지 않고 있다. 미국 기업의 거버넌스는 기업의 최우선 목표인 주주 이익 극대화를 위해 전문경영인과 주주들 사이의 이해 상충만 해소하면 된다. 하지만 한국처럼 소

---

* 박상인 교수가 저서 《지속 불가능 대한민국》에서 '소수주주'로 표현한 용어를 이 책에서는 '일반주주'로 통칭하여 사용하였다.

유와 경영이 분리되지 않은 지배구조 하에서는 지배주주인 경영자가 의사결정에 막대한 영향력을 행사할 수 있고, 미국과 달리 지배주주와 일반주주 간 이해상충 소지가 많을 수밖에 없다. 결국 형식만 가져와 왜곡된 방식을 적용하다 보니 문제는 해결하지 못한 채 부작용만 키우고 있는 셈이다.

이제는 더 이상
미룰 수 없는 숙제

지난 2022년에는 연초부터 가슴을 쓸어내릴 일들이 연이어 터졌다. 한국 기업의 거버넌스가 얼마나 심각한지 극명하게 보여주는 사건들이었다. 먼저 경영진의 횡령, 배임 문제로 2년여 간 거래가 정지됐던 신라젠의 상장폐지 소식이 들려왔다. 이후 개선 기간을 거쳐 상장 유지가 결정되었지만 그사이 주주들의 속앓이는 이루 말할 수 없는 상황이었다.

이뿐만 아니다. 코스닥 시가총액 2위 기업이며 국내 1위 배터리 양극재 회사인 에코프로비엠은 내부자거래 혐의가 드러나면서 검찰 수사를 받기도 했다. 카카오페이 역시 기업공개 후 한 달 만에 CEO를 포함해 최고경영진 8인이 스톡옵션 행사 방식으로 주식을 대량매도해 차익을 실현한 사실이 알려졌다. 이는 경영진의 윤리의식 결여를 단적으로 보여준 사건이었다.

이런 문제를 단순히 개인의 문제로 치부하기에는 그 심각성이 크다. 이는 기업의 혁신과 성장을 저해하고, 더 나아가 국가 경제의 발전을 가로막는 장애물이다. 무엇보다 중요한 것은 그 피해가 고스란히 우리 국민들에게 돌아간다는 사실이다. 그들을 처벌하는 것으로 끝날 문제가 아닌 것이다.

한국 기업의 거버넌스 리스크는 외국계 자본이 한국 기업에 투자하기를 꺼리게 하는 가장 큰 요인이다. 소수도 아닌 다수 기업이 거버넌스 리스크를 안고 있는 자본시장을 누가 매력적으로 보겠는가. 이는 국가적으로도 큰 위기를 초래한다. 왜곡된 기업 거버넌스가 원인이 된 한국의 IMF 구제금융 사태가 우리의 아픈 상처로 남아 있듯이 말이다.

일반주주를 배척하는 지배주주 중심의 사고와 의사결정, 회사의 가치를 훼손하고 주주의 이익을 침해하는 경영 행태, 현저하게 낮은 주주환원율…. 과거부터 이어진 한국 자본시장의 고질적인 병폐는 여전히 현재 진행형이다. 국가의 미래를 어둡게 할 수 있는 중차대한 일인데도 개선되지 않은 것이다.

이제는 더 이상 미룰 수 없다. 기업 거버넌스 리스크가 주주 리스크로 돌아오지 않기 위한 근본적인 대책 마련이 시급하다. 기업과 정부 그리고 국민이 다 함께 노력하여 거버넌스 수준을 높이는 데 힘써야 한다. 기업은 지배구조 개선을 위한 내부통제 시스템을 마련하고 이를 실효성 있게 운영해야 한다. 또한 경영진이 기업의 모든 이해관계자에 대한 책임을 인지하고, 이를 최우선의 가치로 삼아야 한다.

정부의 역할도 중요하다. 정부는 관련 법령을 개정하여 지배주주 중심의 경영 구조 개선, 투명성 제고 및 주주권 강화, 윤리의식 함양 등을 위한 제도적 기반을 마련해야 한다. 또한 기업에 대한 관리·감독을 강화하는 동시에 기업의 자율적 개선을 유도하는 역할도 해야 한다.

무엇보다도 국민의 역할이 가장 중요하다. 국민은 주주, 소비자, 직원으로서 기업의 윤리경영을 지지하고, 투명한 경영을 요구해야 한다. 주주로서 주주총회에 참석하는 것에서부터 좋은 기업의 제품만을 구입하는 소비자로서의 역할까지 기업 거버넌스 개선을 위해 할 수 있는 일들은 무궁무진하다.

물론 이는 단기간에 이루어질 수 있는 일이 아니다. 기업과 정부 그리고 국민의 지속적인 노력이 필요하다. 하지만 그 노력이 누적된다면 우리도 머지않아 선진국처럼 성숙한 자본시장, 투명한 자본시장, 공정한 자본시장을 영위하게 될 것이다.

주주가치를 훼손하는
8가지 치명적 문제

WITHOUT
SHAREHOLDER RIGHTS

신뢰 없이 버틸
투자자는 없다

주주권리 보호를 위한
최소한의 제도들

주식투자는 주주가 자본을 투자하고 위험을 부담하는 대신 그에 상응하는 보상을 받기로 약속하는 투자 계약이다. 기본적으로 신뢰가 바탕이 되어야 하지만 한국에서는 회사와 주주 간 신뢰가 형성되어 있지 않다. 이사회가 주주 이익을 보호하기는커녕 훼손하고 주주권리를 침탈하는 일이 비일비재하다. 더구나 지배주주의 이익만 대변하고 일반주주들은 등한시하는데, 그런 기업을 믿고 동반성장을 꿈꿀 투자자가 어디 있겠는가.

심지어 한국에는 주주권리를 보호할 법적 장치가 거의 마련되어 있지 않다. 물적분할 후 모자회사 동시상장, 합병 비율 산정 왜곡, 터널링 등 선진 자본시장에서는 상상도 할 수 없는 일이 날마다 일어난다. 코리아 디스카운트의 덫에서 빠져나오지 못하는 것이 너무도 당연한 일일지 모른다.

한국 자본시장의 발전을 위해서라도 투자자를 보호하기 위한 입법이 하루빨리 마련되어야 한다. 더 이상 이를 방치해서는 안 된다. 그런 차원에서 Chapter 3에서는 주주가치를 훼손하는 8가지 치명적인 문제와 그 해결 원칙에 대해 살펴보고자 한다.

여기서는 주주의 이익을 훼손하고 자본시장의 신뢰를 가로막는 가장 핵심적인 문제들을 선별하여 앞글자를 따 '합.의.물.자.자.수.집.증'으로 정리하여 표현했다. '합'은 상장사 합병 시 합병 비율을 시가로 정해 일반주주들이 피해를 입는 나쁜 관행을 의미한다. '의'는 기업 인수합병 시 지배주주 지분만 경영권 프리미엄을 받고 일반주주 지분은 헐값으로 넘어가는 행태를 비판하며 이를 '의무공개매수제도' 도입을 통해 해결하자는 것을 뜻한다. '물'은 물적 분할 후 동시상장으로 기존 기업의 가치와 주주가치를 떨어뜨리는 행위를 말하며, '자'는 자진 상폐 시 공개매수 가격을 임의로 정해 공정성을 해치고 일반주주를 농락하는 행태를 의미한다.

그다음 '자'는 자사주 매입 후 소각하지 않고 최대주주의 지배력 강화나 경영권 방어에 쓰는 상식에 어긋나는 상황을 일컬으며, '수'는 이사회가 경영진이나 지배주주 편에 서서 일반주주에 대한 수탁자 의무를 다하지 않는 것을 문제시한다. '집'은 '즉시항고' 등 한국에만 있는 절차와 제한적인 요건으로 인해 증권 집단소송이 활성화되지 못하는 현실을 의미하며, '증'은 주주가 소를 제기해도 입증 책임이 주주에게 다시 돌아오는 문제를 해결하기 위해 증거 개시제도가 도입되어야 함을 말한다.

　우리 국민 모두가 위의 8가지 문제를 직시하여 주주가치를 훼손하는 치명적인 문제가 하루빨리 선결되기를 바란다. 이를 통해 우리 자본시장이 선진화되고, 우리 사회가 발전하며, 더 나아가 우리의 삶이 풍요로워지기를 희망한다.

01.

지배주주 배 불리는 합병 비율, 이제는 손볼 때다

"회사가 합병하면 좋은 거 아닌가요? 그만큼 기업의 가치가 올라가는데 그럼 주주들에게도 좋은 거잖아요."

간혹 이런 질문을 하는 사람들이 있다. 물론 맞는 말이다. 기업의 합병 자체가 주주의 가치를 떨어뜨리는 행위는 아니다. 문제는 합병 비율이 특정 집단에게 불리하게 산정되는 경우다. 합병 비율이 왜곡되는 데에는 반드시 이유가 있다. 파이 크기가 같다면 누군가의 이익은 다른 누군가의 손해가 된다.

기업 간 합병 비율을 정할 때는 공정 가치를 적용해야 한다. 하지만 한국에서는 상장사 간 합병 비율 산정 기준이 시장 가격(주가)이기에 논쟁이 발생한다. 교묘하게 위법 수준을 넘지 않는 선에서 의도적으로 주가를 하락시킬 수 있기 때문이다.

앞서 언급한 삼성물산과 제일모직의 합병 사례에서도 합병 비율이 논란의 중심에 있었다. 그 합병 비율에 따라 유불리가 정해지기 때문이다. 당시는 삼성물산 주가가 가장 저평가되고 제일모직 주가가 가장 고평가되었던 시기로, 0.35대 1이라는 합병 비율은 삼성물산 주주들로서는 납득하기 어려운 수치였다. 시가와 별개로 삼성물산의 자산 가치는 제일모직보다 더 높았기 때문이다.

합병 비율 논란, 언제까지 계속 반복될까

삼성물산과 제일모직의 합병이 이루어진 그해에 또 다른 대기업의 합병이 뜨거운 감자로 떠올랐다. 바로 SK와 SK C&C의 합병이었다. SK그룹은 2015년 6월에 열린 임시 주주총회에서 SK와 SK C&C의 합병안을 통과시켰다. 당시 SK의 2대주주였던 국민연금(지분율 7.19%)이 '합병 비율'과 '자사주 소각 시점' 등을 이유로 주주가치를 훼손할 우려가 있다며 반대 의견을 표했으나, 우호 지분의 우세로 합병안은 결국 가결되었다. 합병은 SK C&C가 SK를 흡수 합병하는 형태로, 합병 비율은 1대 0.73이었다.

삼성물산과 제일모직의 합병 과정에서 드러난 문제가 여기서도 반복되었다. SK와 SK C&C의 합병도 총수 일가의 지배구조를 강화하기 위한 것이라는 분석이 지배적이었다. 공분을 산 것은 합병 비율뿐만이 아니었다. 그룹의 SI[*]를 담당하는 SK C&C가 내부거래를 통해 키워온 회사였다는 사실도 한몫했다. SK 주주들 입장에서는 SK C&C와의 합병으로 내부거래 이슈에서는 벗어날 수 있다 해도 배신감을 느끼지 않을 수 없었다.

당시 SK 그룹의 구조는 여러 계열사 위에 지주사인 SK가 있고, 그 위에 다시 SK C&C가 존재하는 '옥상옥 구조'였다. 총수 일가가 SK C&C 지분을 총 43% 보유하고 있었고, SK C&C는 SK 지분 31.8%를 보유하여 지배력을 행사하고 있었다. SK 그룹은 이러한 옥상옥 구조를 해결하기 위해 합병을 결정했다고 밝혔지만, 문제는 합병 자체가 SK C&C에게 지나치게 유리하게 작용했다는 점이다. 결과적으로 약 43%에 달하는 SK C&C 지분을 보유하고 있던 총수 일가가 이 합병의 가장 큰 수혜자가 되었다.

당시 합병이 SK C&C에 유리하게 진행될 수 있었던 이유는 바로 합병 비율 산정 기준이 '시장 가격(주가)'이기 때문이었다. 자산 가치를 기준으로 삼을 때와 비교하면 합병 시점에 따라 비율이 크게 달라질 수 있었다. SK C&C 주가가 높게 평가되고 SK 주가는 낮게 평가된 시점에 합병을 하니 SK C&C에 유리하게 합병되는 것이 당연했다.

시가를 기준으로 하는 산정 방식은 자산 가치나 다른 가치 요소

---

[*] System Integration의 약자로, 기업이 필요로 하는 정보시스템에 관한 기획에서부터 개발과 구축, 나아가 운영까지 모든 서비스를 제공하는 일을 말한다.

를 전혀 반영하지 못한다는 문제점이 있다. SK 합병 사례에서만 봐도 합병 당시 SK 주가는 순자산가치 대비 큰 폭으로 할인되어 있었다. SK 주주들에게 불리한 합병이라는 지적이 충분히 나올 만했다.

합병 과정에서 합병 비율에 더해 또 다른 꼼수도 등장했는데, 바로 자사주 소각 결정이었다. SK C&C와 SK는 합병을 발표하며 그날 자사주 소각 공시도 함께 냈다. 자사주 소각 결정은 두 회사의 합병에서 자사주를 배제하겠다는 의미와 같았다. 그 자체만으로는 전혀 문제가 없었다. 자사주를 마치 자산처럼 취급하는 것도 옳지 않기 때문이다. 그러나 그 의도를 볼 때 SK의 주주 입장에서는 불만이 생길 법도 했다.

당시 SK는 23.8%, SK C&C는 12%의 자사주를 보유하고 있었다. 합병 전에 자사주 소각이 이루어졌더라면, SK는 소각에 따른 주가 상승으로 합병 비율 산정에서 그만큼 유리했을 것이다. 결과적으로 SK 일반주주 입장에서는 자사주를 소각하지 않고 합병하는 경우보다 합병 시점에라도 자사주를 소각하는 것이 배정되는 합병 신주 몫이 소폭이라도 더 증가하게 된다. 이는 언뜻 SK 주주들에게 선심을 베푼 것처럼 보이기도 하나, 사실 자사주 소각으로 실질적인 이득을 본 것은 총수 일가였다. 합병 비율 산정에서 제 가치를 인정받지도 못한 SK 주주들은 여기에 더해 자사주 소각으로 원투 펀치를 맞은 셈이 되었다.

합병 비율 산정 기준,
시가 아닌 공정 가치 적용으로 법 개정 시급

한국 자본시장에서 합병 비율 시가 산정 제도를 활용한 다양한 꼼수 전략은 끊이지 않고 있다. 그렇다면 이를 법적으로 막는 방법은 없을까? 지금은 애석하게도 없다. 법대로 했을 뿐이라는 그들의 답변이 머릿속에 맴돌 뿐이다. 문제 해결을 위해 법 개정은 불가피하다. 합병 비율 산정 시 시가가 아닌 공정가액을 기준으로 해야 한다. 그래야만 일방적으로 당하는 일반주주들의 설움도 없앨 수 있다. 다행히 법 개정이 되기 전임에도 일반주주들의 반론에 귀 기울이는 사례가 생겨나고 있다.

2022년 5월 동원그룹은 동원산업과 동원엔터프라이즈의 합병을 진행하는 과정에서 합병 비율을 조정하기로 결정했다. 애초 동원산업의 합병가액은 자산 가치가 아닌 '기준 시가'를 바탕으로 산정되었다. 그러나 일반주주들을 중심으로 불만이 거세지자 이를 경청한 후 합병 비율의 공정성을 재검토하여 순자산가치로 조정하기로 한 것이다. 이렇게 합병신고서를 제출하기 전에 기업이 자진하여 합병 비율을 변경한 사례는 우리나라에서 동원산업이 최초다. 이는 국내 기업 거버넌스 발전사에 있어 일보 전진한 사례라 평할 수 있다.

물론 동원산업의 합병 과정에도 아쉬운 부분이 있다. 한 가지는 합병 비율 계산에 연결 재무제표가 아닌 별도 재무제표를 적용한 점이다. 해당 합병 비율 산정에서 핵심은 '동원산업의 핵심 자회사인 스타키스트의 가치를 얼마나 반영하느냐'에 달려있었다. 스타키스트는 순자산가치만 따져도 6,000억 원이 넘는 회사로 동원산업의 가치 산정에 반영되느냐에 따라 기존 합병 비율과 차이가 크게 날 수 있었다. 즉 연결 기준을 적용해서 스타키스트의 가치를 반영했다면 동원산업의 합병 비율이 더 유리해졌을 것이다. 그러나 동원산업 이사회는 의도적으로 별도 기준을 적용하여 통과시켰다. 이사회가 오히려 회사의 가치를 낮추고 싶어 하니 일반주주들 입장에서는 어처구니가 없는 노릇이었다.

그뿐 아니다. 반대 주주의 주식매수청구권* 가격도 순자산가치로 조정되었어야 했다. 동원산업과 동원엔터프라이즈의 합병 비율은 기준 시가가 아닌 자산 가치를 반영해 바뀌었지만, 주식매수청구권 가격은 그대로였다. 합병을 원하지 않는 주주들은 주식매수청구권을 행사해 동원산업에 주식 매입을 요구할 수 있는데, 동원산업이 제시한 매수가는 23만 8,186원이었다. 이 가격 역시 합병 비율 변경을 감안하여 더 높게 책정되었어야 했다.

우리나라의 상법 제398조에는 "모회사의 종속회사 합병은 주주와 회사 간 자기거래로 전형적인 이해충돌 거래여서 특별히 거

---

* 상장기업이 다른 기업을 인수·합병하거나 주요 사업 분야를 양수·양도하는 등 기업 경영상 중요한 의사결정을 할 때 주주가 반대의사를 표명할 경우 회사 측이 미리 정한 가격으로 주주들의 주식을 사들이도록 한 주주 보호 조치다.

래 내용, 절차가 공정해야 한다."는 내용이 포함되어 있다. 그러나 이러한 법 규정과 달리 현실에서는 합병 시 내용과 절차 모두 부당한 사례가 끊이지 않고 발생하고 있으며, 주주들과의 이해충돌을 해소하려는 절차와 검토 내용도 없는 경우가 허다하다.

'합병의 공정성'을 위해서는 합병 비율 산정에 대한 법률 개정을 통해 일반주주의 권리가 보호되어야 한다. 현재 이용우 의원이 대표 개정 발의한 '합병 비율 산정에 대한 자본시장과 금융투자업에 관한 법률 개정안'(2022년 4월 발의)이 국회에서 계류 중이다. 일반주주들이 불공정한 합병가액으로 피해를 입지 않도록 자산 가치와 수익 가치를 종합적으로 고려하게 하는 것이 개정안의 핵심 내용이다.

개정안에는 △합병가액 결정 시 주식가격 등을 기준으로 자산가치, 수익 가치 등을 종합적으로 고려하여 결정하고 △계열사 간 합병의 경우에는 외부평가기관을 선정하고, 특수관계인과 합병 등의 상대 법인과의 이해관계를 공시하며 △불공정한 합병가액으로 투자자가 손해를 입은 경우 합병을 한 주권상장법인·이사·감사·외부평가기관이 연대 책임을 지게 하는 등의 내용이 담겼다. 법 개정이 반드시 이루어져 우리 자본시장이 주주 보호를 위해 한 걸음 더 앞으로 내디딜 수 있길 바란다.

02.

헐값에 밀려나는
일반주주들을 위해
의무공개매수제도를

2021년 10월, 한샘은 조창걸 명예회장과 특수관계인들의 보유 지분(30.21%)을 사모펀드 운영사 IMM 프라이빗에쿼티(IMM PE)에 넘기는 경영권 지분인수 관련 주식매매계약을 체결했다. 당시 IMM PE는 한샘 보통주 총 652만 1,509주(27.7%)를 주당 22만 원 선에 인수했는데, 총액으로는 약 1조 4,500억 원에 달했다. 한샘의 주가는 최대주주 지분이 매각되기 전 10만 원 초반에 불과했다. 결과적으로 한샘 지배주주 일가는 100% 수준의 '경영권 프리미엄'을 받고 지분을 판 셈이다.

한샘의 사례처럼 피인수 기업의 경영자나 지배주주는 협상 과정에서 최대한 높은 가격을 받고자 한다. 그렇게 결정된 가격은 대부분 시가 이상일 가능성이 높다. 그러면 일반주주들은 어떨까? 안타깝게도 일반주주에게는 아무런 권리가 주어지지 않는다. 프리미엄도 없을뿐더러 합병을 반대해 팔길 원하면 주식 시세로만 팔 수 있을 뿐이다. 우리나라에서는 인수합병 과정에서 일반주주들의 주식은 보호 대상도 아니다. 그런 이유로 지금껏 일반주주들의 몫은 공정하게 평가받지 못했다.

지배주주 지분은 고가 매각, 일반주주는 헐값 거래

일반주주라고 해서 개인투자자들만을 생각하기 쉬운데, 국민연금도 그 희생자 중 하나였다. 한샘의 3대 주주로 7% 가까운 지분을 보유했던 국민연금도 당시 회사의 주주가치 개선 방안을 기다리거나 장내에서 팔고 떠나야 할 상황이었다. 지배주주와 제3자 간 장외 지분매매 시에는 주식매수청구권이 주어지지 않기 때문이다.

당시 한샘 주가는 매각 방침 발표 직전 11만 7,500원(2021년 7월 13일 종가 기준)에서 9만 1,000원(11월 23일 종가 기준)으로 단기간에 22.55%나 급락했다. 시계열을 넓혀보면 하락세는 더 심각하다. (132쪽 그래프 참조) 지배권 변동에 따른 리스크 때문에 주가가 하락하는 부당한 현실에서 일반주주들만 피해를 본 것이다. 이처럼 최대주주가 기업가치를 독식하는 과정에서 일반주주들은 철저히 소외될 수밖에 없는 것이 우리의 현실이다.

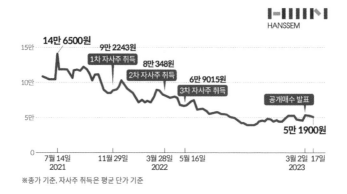

인수합병 전후 한샘의 주가 변동 추이

HANSSEM

- 14만 6500원
- 9만 2243원 — 1차 자사주 취득
- 8만 348원 — 2차 자사주 취득
- 6만 9015원 — 3차 자사주 취득
- 공개매수 발표
- 5만 1900원

7월 14일 2021 · 11월 29일 · 3월 28일 2022 · 5월 16일 · 3월 2일 2023 · 17일

※종가 기준, 자사주 취득은 평균 단가 기준

출처: 조선비즈 2023.03.21. / 자료=금융감독원, 한국거래소

한샘의 지분을 인수한 IMM PE는 이와 비슷한 이력이 많다. 2015년에는 골판지 박스 제조업체인 태림페이퍼와 태림포장 등 7개 계열사를 인수했다. 이 중 태림페이퍼는 34.5%의 지분을 주당 5,361원에 735억 원을 들여 인수했다. 놀라운 사실은 경영권을 쥔 IMM PE가 불과 2개월 만에 상장폐지 수순을 밟기 시작한 것이다. 태림페이퍼는 주식 공개매수를 시작했고, 당시 매입가로 주당 3,600원을 제시했다. 이는 공시일 종가보다는 32% 정도 높은 가격이었지만, 지배주주 지분을 인수한 가격보다 약 30% 정도 낮았다. 무엇보다도 주당 순자산가치에는 한참 미치지 못한 가격이었다.

1차 매수에서 자진 상폐를 위한 요건인 95% 지분 확보를 이루지 못한 IMM은 신탁계정을 통해 회삿돈으로 주식시장에서 자기 주식을 매집했다.* 결국 2016년 6월 자사주 매입 등을 통해 95.12%의 지분을 확보한 후 이사회를 열어 상장폐지 신청을 최종 결정했다.

태림페이퍼의 자진 상장폐지는 최종 완료되었으나 일부 일반주주들은 버티고 있었다. 이들의 지분이 대략 34만 주(0.8%)였는데, 태림페이퍼는 이때 주식매도청구권을 행사하기로 한다. 임시 주총을 열어 '최대주주의 주식매도청구권 행사 승인의 건'을 상정하고, 잔류한 일반주주들의 지분을 모두 사들이겠다고 밝힌 것이다. 이때도 매도청구가는 3,600원이었다.

상법에 따르면 일반주주가 매매 금액(3,600원)을 수령하지 않더라도 지배주주가 이 금액을 공탁하기만 해도 주식에 대한 권리는 무효가 된다. 또 일반주주들은 회사의 매도청구권 행사에 따라 2개월 이내에 지분을 팔아야 하는데, 이때 가격은 지배주주와 일반주주 간 협의로 결정한다.

협상은 순조롭지 않았고 결국 해당 건은 법원으로 넘어갔다. 상법은 이 경우 '법원은 회사의 재산 상태와 그 밖의 사정을 고려해 공정한 가액으로 산정해야 한다'라고 규정하고 있다. 이후 2018년 6월 태림페이퍼는 일반주주 지분 전부를 매입해 지분율 100%

---

* 상장사 지배주주가 회삿돈으로 자사주를 사들여 자진 상장폐지에 나서는 사례가 잇따르자 이후 2019년 최대주주가 자기주식 매입을 통해 자진 상장폐지에 나서는 것을 제한하는 상법 개정안이 통과됐다.

를 확보하기에 이른다. 자신들의 의도대로 일반주주 배제에 완벽하게 성공한 것이다.

사건은 일단락되는 듯 보였지만 그 시점부터 속내가 드러났다. 100% 지분을 확보한 태림페이퍼는 공개매수가인 3,600원을 훌쩍 넘는 주당 4,311원의 배당을 결정했다. 최초 공개매수 이후 1년 동안 태림페이퍼는 주당 1,460원 상당의 순이익을 냈다. 그때까지 벌어들인 순이익의 92.5%인 600억 원을 배당했고 이 돈은 모두 IMM PE로 넘어갔다. 쥐꼬리 배당으로 악명을 떨치며 PBR 0.5배조차 버거웠던 회사가 일반주주를 다 내보내자마자 폭탄 배당을 선언한 것이다.

최대주주인 IMM PE는 저평가받는 알짜 상장사의 자진 상폐를 통해 이익을 극대화하는 방법을 일찌감치 터득했고, 그 열매를 마음껏 누렸다. 일반주주를 배제한 상황이라 그 이익의 크기는 더 컸다. 혹자는 그들이 투자자로서 잘했다고 평할 수도 있다. 하지만 일방적인 상폐 결정과 통보로 인해 주당 3,600원에 지분을 넘긴 일반주주의 피눈물을 생각하면 가슴이 먹먹해진다.

의무공개매수제도 재도입이 필요한 이유

한샘과 태림페이퍼의 사례처럼 회사를 매각하는 과정에서 지배주주가 경영권 프리미엄을 독점하고 일반주주들을 헐값에 몰아내는 행태는 여전히 반복되고 있다. 지배주주는 경영권 프리미엄을 얹어 높은 가격에 지분을 팔고, 일반주주는 지분을 매각할 기회조차 얻지 못하는 불공정한 사례가 관례인 듯 통용되고 있는 것이다. 이런 문제가 끊이지 않는 것은 바로 회사 지분을 인수합병하는 과정에서 주주들의 권익을 보호할 제도적 장치가 없기 때문이다.

우리나라에서는 지배주주가 지분 매각 시 자신이 보유한 지분만을 매각하는 방식으로 인수합병이 이루어진다. 문제는 그 과정에서 일반주주들은 공정한 대우를 받지 못하고 있다는 사실이다. 다행히도 이 문제를 해결하기 위한 방안으로 의무공개매수제도를 다시 도입해야 한다는 목소리가 커지고 있다.

의무공개매수제도란 상장회사의 지배권을 확보할 정도의 주식을 취득하는 경우, 주식의 일정 비율 이상을 공개매수로 취득하는 것을 의무화하는 제도다. 기업들의 인수합병 과정에서 일반투자자들이 매각 기회가 없어 피해를 받는 일이 논란이 되면서 일반주주들의 권리를 보호하기 위한 정책 중 하나로 필요성이 부각되었다. 인수합병에는 합병뿐만 아니라 영업양수도나 주식양수도도 포함될 수 있는데, 현재 우리나라 상법에는 주식양수도의 경우 주주 보호 장치가 없는 상황이다.*

사실 의무공개매수제도는 1997년 1월 증권거래법 개정을 통해

---

* 상법에 보면, 합병이나 중요 영업양수도 시 주주 보호를 위해 주총 결의가 필요하며 주주가 주식매수청구권을 행사할 수 있다. 그러나 주식양수도 시에는 주총 결의가 필요 없으며 주식매수청구권도 행사할 수 없다.

국내에 이미 도입된 바 있다. 하지만 IMF 외환위기 당시 기업 인수 합병을 어렵게 해 구조조정을 지연시킨다는 이유로 1998년 2월에 폐지되었다. 하지만 현재까지도 재도입되지 않았고 폐지로 인한 폐해만 깊어진 형국이다. 최대주주는 경영권 프리미엄을 붙여 비싼 값에 주식을 팔고 일반투자자는 제값을 받지 못하는 악순환이 반복되고 있는 것이다.

그렇다면 다른 나라는 어떨까? 영국과 EU 회원국을 비롯하여 일본, 싱가포르, 홍콩 등 아시아 국가들도 대부분 일반주주의 이익을 보호하기 위한 수단으로 의무공개매수제도를 도입하고 있다.

의무공개매수제도를 도입한 나라들은 지분 매각을 통한 기업의 인수합병 시 새로운 지배주주가 되는 인수인이 일반주주에게 지배주주와 동일한 가격에 지분을 매각할 기회를 제안하도록 법에 명시하고 있다. 가령 특정 회사의 지분을 30% 이상 인수하려면 일반주주의 주식도 함께 동일한 가격으로 공개 매수해야 하는 식이다. 이는 이미 글로벌 M&A 시장에서 통용되는 제도로, 각 나라의 회사법이 일반주주 보호를 위해 경영권 거래에 적극 개입하고 있음을 보여준다.

미국은 의무공개매수제도를 도입하고 있지 않지만 일반주주 보호가 엄격한 편이다. 미국에서 회사가 경영권 지분 매각을 실행한다고 가정해 보자. 미국에서는 지배주주가 자유롭게 자신의 지분을 제3자에게 매각할 수 있게 하되, 만약 회사가 지배주주 지분만 높은 프리미엄을 붙여 매각한다면 사익을 위해 경영권을 남용했다는 이유로 손해배상 소송이 제기될 수 있다. 이 경우 일반주주의 권리를 침해하지 않는다는 입증 책임을 회사 쪽에 부과하기에 대부분 일반주주의 주식도 같은 가격으로 인수하고 있다.

무엇보다 미국의 회사법에는 이사회가 회사뿐 아니라 주주에 대해서도 충실 의무를 지도록 규정되어 있다. 일반주주 보호를 위한 근간이 마련되어 있는 셈이다. 일반주주 보호는 뒤로하고 구시대적 제도에 갇혀 있는 한국의 상황과 비교하면 부러울 뿐이다.

의무공개매수제도 부활, 불공정 게임의 종지부를 찍을 첫 단추

우리나라도 의무공개매수제도를 다시 도입하는 움직임이 가시화되고 있다. 2022년 12월, 금융위원회는 의무공개매수제도 재도입 방안을 공개하고 이후 자본시장법 개정을 위한 입법안을 최종 확정해 국회에 제출하겠다고 밝혔다. 1998년 외환위기 때 원활한 인수합병을 도모한다는 명목으로 폐지된 후 25년 만에 부활을 준비하고 있는 것이다. 그 당시에는 부실기업의 구조조정이 필요했고 일부 일반주주들의 피해가 있더라도 인수합병 자금을 유치하는 것이 중요했지만, 지금은 당시와 상황이 완전히 달라졌다.

의무공개매수제도 도입이 현실화되면 기업 인수합병 과정에서 일반투자자의 권익을 보호할 수 있는 실질적인 법적 근거가 마련된다. 이와 함께 지배주주와의 불투명한 거래를 통해 기업의 경영권을 탈취하는 '약탈적 인수합병'을 예방하는 효과도 기대할 수 있게 될 것이다. 의무공개매수제도의 부활만으로도 우리 기업 거버넌스 역사에 의미 있는 진전을 이루는 것이다. 다만 개정안의 내용이 1997년 수준에 머물러 있는 점은 아쉽다.

이번에 부활하는 의무공개매수제도는 지배주주가 아닌 제3자가 상장기업 주식의 25% 이상을 매입하여 최대주주가 될 경우, 매수 가격을 최대주주와 동일한 가격(경영권 프리미엄 포함)으로 하여 전체 주식의 50% +1주 이상을 공개매수하도록 의무화하고 있다. 인수 당사자가 최대주주뿐 아니라 일반주주의 지분도 공정한 가격에 일정 지분 이상 매수해야 한다는 의미다. 그동안 지배주주의 지분만 경영권 프리미엄을 주고 인수하면서 일반주주들은 그로 인한 손실이 발생해도 피해를 보상받을 길이 없었는데, 이런 문제를 개선할 수 있게 된 것이다.

하지만 여기에도 한계가 있다. 50%+1주까지만 공개매수 대상으로, 만일 지배주주 지분 40%를 인수하면 나머지 60% 중 10%만 의무 공개매수하면 된다. 이는 50%만 넘으면 나머지 지분은 의무 공개매수 대상이 아니라는 뜻이다.

의무공개매수제도를 도입한 다른 나라의 경우 100% 공개매수를 요구하는 경우가 대다수다. 영국과 독일은 주식의 30% 이상을 취득할 때 잔여주주가 보유한 주식 전체가 공개매수 대상이며,

매수 가격은 경영권 프리미엄을 포함한다. 글로벌 스탠더드에 비추어 볼 때 우리의 법안은 권리구제의 실효성이 현저히 미흡한 것이다.

개정안은 지분 25% 이상의 인수에만 적용되기에 그 미만으로 인수한 뒤 자사주를 매입하여 지배력을 확대하려는 시도가 나올 수 있는 것도 문제다. 우리 자본시장의 해묵은 관행인 자사주를 통한 지배력 확대 문제가 여기서도 불거질 수 있다. 이러한 꼼수를 근본적으로 차단할 제도 개혁이 함께 이루어져야 하는 이유다.

일부에서는 의무공개매수제도 도입으로 기업 M&A가 저해될 수 있다는 우려도 제기한다. 인수대금이 높아지고 인수인 부담이 커져서 인수합병 거래 자체가 줄어들 수 있다는 것이다. 이런 문제를 다각적으로 살펴보고 해결하기 위해서는 이미 이 제도가 도입된 국가들의 인수합병 사례를 면밀하게 파악하여 국내 실정에 맞게 차별적으로 접근할 필요가 있다.

사실 전체 주식을 100% 인수하게 되면 회사의 자산을 담보로 하는 LBO 차입매수* 인수금융이 가능해져 오히려 M&A가 원활해질 수도 있다. 의무공개매수제도가 없음에도 일반주주 주식 포함 지분 100%를 인수하는 미국 자본시장에서 유럽보다 공개매수 제안이 훨씬 활발한 것을 보면 M&A 활성화는 의무공개매수제도

---

* 기업을 인수·합병(M&A)할 때 인수할 기업의 자산이나 향후 현금흐름을 담보로 은행 등 금융기관에서 자금을 빌려 기업을 인수하는 M&A 기법 중 하나다.

의 존부 혹은 프리미엄의 문제가 아니라 오히려 자본시장의 공정성과 역동성이 얼마나 확보되는지의 문제라는 사실을 알 수 있다.

의무공개매수제도의 부활은 무엇보다 이제라도 금융당국이 일반주주들의 권리를 보장하고 불공정 게임에 종지부를 찍겠다는 의지를 보여주었다는 데에 의의가 있다. 아직 제도가 시행되기 전이지만 이러한 분위기에 힘입어 주식매수청구권을 인정하는 사례가 생겨나고 있는 것도 반길 일이다.

2023년 1월, 국내 사모펀드인 UCK와 MBK파트너스(MBK)가 오스템임플란트 주식을 공개매수하여 경영권 인수를 추진하는 과정에서 일반주주의 한 주와 최대주주의 한 주를 같은 가격에 매수하겠다고 밝혔다. 이는 우리나라 자본시장에서 일반주주들이 경영권 프리미엄을 가진 지배주주와 동일한 가격에 매도 기회를 가진 첫 사례로서 의미가 있다. 이는 의무공개매수제도의 재도입을 요구하는 움직임이 만들어낸 결과로, 인수합병 시장에서 벌어지는 관례에 경종을 울리는 중요한 기준 사례가 될 것이다.

앞으로 의무공개매수제도 재도입에서 한발 더 나아가 글로벌 스탠더드에 맞게 의무 공개매수 대상을 일반주주 주식 100%로 확대해야 한다. 또한 자사주를 통한 부당한 지배력 확대를 근본적으로 차단하고 이사의 주주에 대한 충실 의무를 명시하는 등 다양한 법제도의 개혁이 함께 이루어져 주주권리 확보의 실효성을 더욱 높일 수 있길 기대한다.

Without
Shareholder rights

03.
공든 탑 한번에 무너뜨리는
물적분할 후 동시상장

"배터리 사업의 미래 가능성을 보고 LG화학에 투자해
왔습니다. 이제야 그 투자의 성과를 볼 수 있겠다 싶었는데, 그 알
짜 사업을 떼어 내 상장시키다니…. 그동안 회사의 가능성을 믿고
리스크를 감당해 온 주주들의 신뢰를 이렇게 저버리다니요. 이는
배신입니다."

2020년 9월 LG화학이 이차전지 사업을 물적분할 한 이후 LG에
너지솔루션(이하 'LG엔솔')을 상장할 당시, LG화학 주주들은 분통
을 터트렸다. LG화학 주주들의 타들어가는 속을 아는지 모르는
지 LG엔솔에는 어마어마한 투자금이 몰렸다. 기관투자자 수요예

측을 통해 몰린 자금만 무려 1경 5,000조 원에 달했다. 일반투자자 대상 청약은 100조 원을 돌파하며 기록을 세우기도 했다. 그 당시를 돌이켜보면 LG엔솔의 IPO는 증시의 블랙홀과 같았다. 그 돈들이 도대체 어디에서 나왔을까 의아할 정도였다. 반면 LG엔솔의 기업공개(IPO) 탓에 2021년 초 장중 사상 최고가인 105만 원을 찍었던 LG화학 주가는 반 토막 가까이 하락했다.

물적분할, 주주의 믿음을 저버리는 치명적 배신

LG화학은 2010년부터 거의 10년 동안 약 13조 원을 전지 사업에 투자했다. 그사이에 신사업에 대한 리스크 때문에 주가는 계속 정체되어 있었고, 주주환원도 미흡할 수밖에 없었다. 회사는 지속적

LG에너지솔루션 물적분할 공시 이후 LG화학 주가 추이

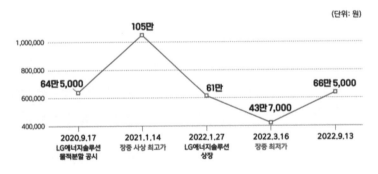

출처: 서울경제 2022.09.19

으로 자본적 지출(CAPEX)*을 했고, 이로 인해 2018년과 2019년
도에는 잉여현금흐름(FCF)**이 적자로 돌아서기도 했다. 그럼에도
LG화학의 주주들은 막대한 리스크를 감수하면서도 투자를 지속
했으며, 그들이 지켜준 신뢰에 힘입어 회사는 공격적인 투자를 감
행할 수 있었다.

　LG화학의 배터리 사업은 2019년에는 4,543억 원, 2020년 1분
기에는 518억 원의 영업손실을 냈다. 그렇게 고전을 면치 못하다
가 2020년 2분기에 1,037억 원의 흑자 전환을 하면서 터닝포인
트가 되었다. 흑자로 전환된 이후 5년간 30% 이상의 복리수익률
을 낸다고 가정할 때 LG화학의 투자금 13조 원은 50조 원의 매출
성과로 이어질 것이 예상되었다. 그야말로 대박이었다. 그동안 리
스크를 감수하고 투자해 온 주주들에게 그에 상응하는 충분한 보
상이 돌아가는 것이 마땅했다.

　그러나 그 결과는 우리가 알고 있는 것처럼 참혹했다. 회사는 바
로 그 시점에 주주들의 기대와는 전혀 다른 결정을 했다. 바로 배
터리 사업의 물적분할과 상장을 결정한 것이다. 예상대로 그 이후
LG화학의 시가총액은 25조 원가량이 증발했다.

　그뿐이겠는가. 만약 LG화학이 LG엔솔을 물적분할하고 상장하

---

* 　기업이 영업을 통해 미래 이윤을 가져다주는 자산을 유지보수, 개량, 구입 시 지출하는 비용을 말한다.

** 　기업에 현금이 얼마나 순유입되었는지를 나타내는 지표.

지 않았다면, LG화학의 주주들은 배터리 사업에 관한 성장 정책, 배당 정책, 임직원의 급여 등에 관해 의결권을 행사할 수 있었을 것이다. 그러나 배터리 사업 부문을 물적분할하면서 LG화학 주주들은 배터리 사업에 대해서 의결권을 상실하였고, 마치 우선주주와 비슷한 지위로 강등되었으며 주주가치도 그만큼 침해되었다. 게다가 별도로 독립 상장하면서 대규모 유상증자(상장 시 보통 20% 정도 유상증자)를 하게 되니, 모회사 주주 입장에서는 심각한 주주가치 희석을 당하게 되었다. 자회사 주주환원율이 높다면 그나마 다행인데 현실은 그렇지 않았다.

결과적으로 LG화학 일반주주의 주주가치는 이중 삼중으로 침해당했고, 핵심 사업이던 배터리 사업을 빼앗긴 것과 다름없게 되었다. 그러는 동안 지배주주는 자회사의 현금 흐름에 지배력을 행사하며 그 가치를 누렸고, 이러한 야속한 현실에 일반주주들은 분노할 수밖에 없었다.

기업들은 왜
물적분할을 원할까

기업 분할 방식은 크게 '물적분할'과 '인적분할'로 나뉜다. 두 방식 모두 기업이 자산과 인력의 재배치를 통해 사업을 효율화하고 더불어 전문성을 강화할 수 있는 방안이다. 필요에 따라 기업 내에 엉켜있던 실타래를 풀어낼 수도 있다.

두 방식의 결정적인 차이는 분할된 기업의 소유권을 누가 갖느냐에 있다. 물적분할은 신설법인의 지분을 모회사가 100% 소유하게 된다. 이와 달리 인적분할은 그 소유권을 기존 회사의 주주들이 지분율대로 나누어 갖는다. 즉 인적분할 시에는 두 개의 법인으로 나뉠 뿐이지 사업과 자산 모두 기존의 주주들에게 귀속된다.

특히 인적분할은 주력 사업부문과 비주력 사업부문으로 나뉠 경우 우량한 주력 사업부문이 부각되면서 그 합산 가치가 기존보다 높아질 수 있다. 분할을 반대하는 주주의 주식을 의무적으로 매입해야 하는 주식매수청구권도 없기 때문에 회사 입장에서도 부담이 적다. 무엇보다도 그 과정에서만큼은 기존 주주들이 손해를 볼 일이 없다는 것이 큰 장점이다.

반면 물적분할은 주주가치가 훼손될 여지가 있다. 물론 물적분

기업 인적분할과 물적분할의 차이

할도 그 자체만으로는 큰 문제가 되지 않는다. 앞서 말했듯 사업 경쟁력을 강화한다는 차원에서 기존 주주에게 꼭 나쁘다고만 볼 수는 없다. 그러나 신설법인이 기업공개(IPO)나 3자 배정을 통해 대규모 투자자금을 유치하려고 하면 말이 달라진다. 분할된 회사가 더 높은 가치로 투자받는 것은 긍정적일지 모르나 주주가치 희석이 불가피하다.

2021년 물적분할이 유행처럼 퍼지던 당시에 기업 분할을 결정한 상장사 50여 곳 중 90% 이상이 물적분할을 택했다. 그러면 왜 기업들은 물적분할을 선호할까? 이는 또다시 우리나라의 기업 거버넌스 문제로 귀결된다.

사실 회사가 대규모 투자금이 필요하면 유상증자를 하면 된다. 앞서 언급한 미국 기업 엔비디아처럼 말이다. 그런데 유상증자를 하는 경우 지배주주가 지분율을 유지하기 위해서는 그만큼 대금을 납입해야 한다. 납입금이 클 경우 부담스러울 수밖에 없고 유상증자에 참여하지 않으면 지분율이 낮아지는 리스크를 감당해야 한다. 기존의 지분율이 낮다면 더욱 문제다.

이러한 문제를 회피하면서 대규모 투자금을 유치할 수 있는 것이 바로 물적분할이다. 알짜 사업에 대한 지배권은 유지하면서도 기존 회사의 지분율은 낮아지지 않는다. 꿩 먹고 알 먹기로 지배주주에게는 분명 이득이다.

그러나 일반주주는 입장이 다르다. 기존 회사의 가치를 떨어뜨릴 뿐만 아니라 알짜 사업에 대한 의결권도 상실된다. 무엇보다도 주주가치가 희석되어 주가가 하락한다. LG에너지솔루션이 상장한 뒤 100만 원에 육박하던 LG화학의 주가가 반 토막이 난 사실이 이를 잘 보여준다. 2차전지라는 알짜 사업을 잃은 LG화학의 주주들이 빈껍데기를 들고 있다며 오명을 들을 때 누군가는 잔치를 벌이고 있었을 것을 생각하니 마음이 쓰리다.

미국과 영국에선 벌어질 수 없는 물적분할 후 동시상장

한국식 물적분할의 문제점을 다른 나라들은 이미 잘 알고 있다. 미국과 일본, 독일 등 대대수의 선진국은 부실사업 부문을 떼어 내는 경우가 아니라면 내용상 한국의 인적분할과 비슷한 스핀오프 (Spin-Off)* 거래를 한다. 만일 성장 사업부를 물적분할 한다면 자금 조달을 위해 매각하는 지분을 제외한 나머지는 모회사의 주주에게 지분율대로 배분하여 주주의 이익을 보전한다. 주주가치 훼손을 상쇄할 만한 방지책을 내놓는 것이다.

LG화학과 LG엔솔의 물적분할 사례처럼 모회사의 기업가치 하락이 충분히 예상되는데도 불구하고 '물적분할 후 동시상장'을 하는 것은 미국과 영국 등 금융 선진국에서는 있을 수 없는 일이다.

---

* 회사분할의 한 방법으로 분할회사가 현물출자 등의 방법으로 자회사를 신설하고, 취득한 주식이나 기존 자회사 주식을 모회사의 주주에게 분여하는 것을 말한다.

만일 미국에서 이런 일이 벌어졌다면 모회사 이사들은 주주를 배신한 대가로 집단소송을 당하고, 천문학적인 손해배상금을 물어야 했을 것이다.

이해를 돕기 위해 영국·미국과 유럽의 기업 분할에 대해 좀 더 자세히 설명하면 다음과 같다. 우선 이들 나라에서는 종속 자회사의 대규모 신주발행 방식을 통한 상장이 사실상 금지되어 있다. 물적분할을 하면 분할되는 사업부에 대해서 모회사 주주가 의결권을 상실하고, 분할 자회사를 상장하면 모자회사 간 이해충돌이 발생하며, 자회사가 대규모 신주발행 시 모회사 주식 가치가 희석된다는 이유 때문이다.

성장 사업부에 대규모 자본 조달이 필요할 경우에는 보통 물적분할이 아니라 인적분할(우리의 인적분할과 유사한 스핀오프 방식 등)을 한다. 한편 물적분할 후 상장을 하고자 한다면 자회사 주식을 모회사 주주에게 현물 배분하여 인적분할과 같은 구조가 되도록 만든다. 예를 들어 미국 IAC는 자회사 매치그룹(Match Group)을 물적분할 후 상장할 때 IAC 주주들에게 매치그룹 주식 85%를 현물 배분했다. 같은 상황에서 독일 다임러도 자회사 다임러트럭(Daimler Truck AG)의 신주 65%를 다임러 주주들에게 현물 배분했고, 영국 GSK도 자회사 헤일리온(Haleon)의 신주 54.5%를 GSK 주주들에게 현물 배분했다. 이처럼 물적분할을 하더라도 인적분할처럼 주주가치를 침해하지 않도록 한다.

이에 반해 한국에서는 기업과 주주가치를 고려하지 않는 물적분할이 끊임없이 자행되고 있다. LG화학의 LG에너지솔루션을 비롯해서 SK케미칼의 SK바이오사이언스, CJ E&M의 스튜디오드래곤, 한국조선해양의 현대중공업도 모두 물적분할에 이어 주식시장에 상장되었다. 아직 상장 전이지만 SK이노베이션은 배터리 사업을 SK온으로 물적분할한 상태다.

다른 나라와 비교해도 수치가 극명하게 갈린다. 자본시장연구원의 2022년 보고서에 따르면, 모자회사 동시상장 비율은 영국 0%, 미국 0.5%, 프랑스·독일 3%로 나타났다(2019년 기준). 그렇다면 한국은 어떨까? 한국의 모자회사 동시상장 비율은 8.47%이며, 최근 신규 상장기업을 따로 놓고 보면 20%에 이른다. 이러한 수치는 우리 자본시장 자체가 공정하지 않다는 방증이기도 하다.

물론 단순히 수치를 비교하는 것만으로는 의미가 없다. 해외 주식시장에서는 모자회사 동시상장이 되었더라도 이미 주주권리 보호 조치가 이루어진 후다. 주주권리 보호는 뒷전인 우리나라의 사정과는 확연히 다르다. 경제개혁연대의 2022년 보고서에 따르면, 2017년 1월부터 2023년 6월까지 유가증권·코스닥시장에 신규 상장한 42개사의 모회사 주주는 8조 9,000억 원의 기회손실을 입은 것으로 드러났다.

현실이 이렇다 보니 기업이 물적분할만 해도 상장 여부와 무관하게 모회사 주가가 폭락하는 일이 반복된다. 투자자들이 이미 이

같은 사실을 잘 알고 있기 때문이다. SK에너지솔루션-SK온, 만도-만도모빌리티솔루션즈 등의 경우에도 물적분할만 하고 아직 상장 전이지만 물적분할 공시 시점부터 주가가 급락하며 일반주주들의 피해가 컸다.

　그나마 다행인 것은 투자자들이 기업의 부조리함을 인지하고 피해를 최소화하기 위해 경험과 지식을 쌓고 있다는 점이다. 기업의 물적분할에 반해 주식매수청구권 도입을 이끌어낸 것만 봐도 세상이 변했음을 느낀다. 투자자를 호도할 수 있는 시대는 지났다.

물적분할 시 '주식매수청구권' 도입은 환영 그러나 문제는 공정 가격!

2022년 10월 풍산은 방산사업을 '풍산디펜스(가칭)'로 물적분할하려던 계획을 철회했다. 핵심사업부를 분리하면 주주가치가 훼손되고 주가 하락으로 이어지는 수순을 너무나 잘 알고 있던 일반주주들이 크게 반발했기 때문이다. 실제로 물적분할 공시가 나온후 한 달도 안되서 주가는 약 28%나 폭락했다. 이에 소송도 불사하겠다는 움직임을 보이자 경영진은 한발 물러설 수밖에 없었다.

　풍산에 이어 DB하이텍을 비롯한 몇몇 기업들도 물적분할 계획을 철회했다. DB하이텍은 팹리스(반도체 설계) 사업부의 물적분할을 검토했으나 그 소식이 알려진 후, 하루에만 주가가 15% 넘게 급락하고 일반주주들이 연대를 구성해 법적 대응에 나섰기 때문이다. 그 당시 주주들은 '물적분할반대주주연합'을 발족하고, 회사를 상대로 주주명부 열람과 등사 요구 및 가처분 신청을 제기했다.

이러한 분위기 전환은 물적분할 이슈 공포에 빠진 일반주주들의 강한 반발에 이어 금융당국이 제도 손질에 나서면서 시작되었다. 특히 2022년 물적분할에 반대하는 주주에게 주식매수청구권을 부여하는 내용이 담긴 '자본시장과 금융투자업에 관한 시행령' 개정안이 국무회의를 통과하면서 탄력을 받았다.

시행령 개정에 따라, 이제 상장기업의 이사회가 물적분할을 결의하는 경우 이를 반대하는 주주에게 '주식매수청구권'이 부여된다. 상장기업 주식매수청구권 행사 시 매수가격은 주주와 기업 사이의 협의로 결정되며, 협의가 되지 않으면 시가를 적용하거나 법원에 매수가격 결정을 청구할 수 있다. 일반주주 보호를 위해 물적분할 자회사에 대한 상장심사를 강화하는 내용도 포함되었으며, 기업이 모회사 주주에 대한 자회사 주식 현물배당을 선택한 경우 모회사 주주의 자회사 주식 처분이 제한되지 않도록 하는 방안도 정비했다.

이와 같은 제도를 도입한 것은 굉장히 잘한 일이다. 그러나 아쉬운 점은 여전히 있다. 주식매수청구권 가격 산정 기준이 '시가'가 아닌 '공정가액'으로 적용되었어야 했다. 이대로 시가로 적용되면 물적분할을 추진 중인 기업들에게 치명타가 되기는커녕 오히려 면죄부가 될 수밖에 없다. 혹자는 단순하게 시가가 시장에서 인정하는 가격이니 시가로 평가하는 것이 옳다고 말하지만, 이는 편협한 생각에 지나지 않는다. 시장은 그 정도로 합리적이지 않다. 글로벌 표준에 맞는 공정 가격 시스템을 도입해서 주주가치가 훼손되는 것을 막는 근본적인 방안이 마련되어야 개선안이 제대로 실효성을 갖게 될 것이다.

물론 아무리 '공정가액'이라 하더라도 논쟁거리는 있게 마련이다. 그래서 종국에는 상장하는 자회사 주식을 모회사 주주에게 지분율대로 현물 배분하는 안을 도입해야 한다. 앞서 언급한 미국 IAC-매치그룹(Match Group), 독일 다임러-다임러트럭, 영국 GSK-헤일리온(Haleon) 등의 자회사 물적분할 사례와 같이 이미 수많은 예시가 존재한다. 우리는 이를 모방하기만 하면 된다. 창조는 어렵더라도 모방은 쉬운 법이다. 절대 어려운 일이 아니다.

일각에서는 물적분할의 진입장벽을 높이면 자본시장의 효율성이 약화될 것을 우려하기도 한다. 물론 물적분할을 전면 금지할 수는 없다. 하지만 물적분할을 악용하려는 경영진의 윤리 의식이 얼마나 달라지느냐에 따라 그 허용 범위도 달라져야만 할 것이다. 기업 거버넌스에 대한 올바른 인식이 하루빨리 자리 잡고 일반주주의 피해를 최소화하기 위한 보다 세심한 정책이 모색되기를 희망해 본다.

04.

알짜 기업의 헐값 자진 상폐, 누구를 위한 것인가?

주식시장에 '상장한다'는 것은 회사의 성장을 위해 필요한 자금을 투자자들에게 투자받아 조달한다는 의미를 지닌다. 그러나 상장을 하는 이유가 단순히 자금 조달 때문만은 아니다. 상장을 하면 자연스럽게 홍보 효과가 생겨 기업 인지도를 높일 수 있고 각종 법적 혜택도 많다. 창업주와 기존 투자자들의 엑싯(exit)* 창구가 되기도 한다.

이러한 장점에도 불구하고 상장을 유지하길 꺼리는 회사들이 있다. 그래서 그들이 하는 선택이 바로 '자진 상폐'다. 자진해서 회

---

* 투자자 입장에서 투자금을 회수하는 방안, 즉 투자 후 출구전략을 뜻하는 용어다.

사의 상장폐지를 결정하는 것이다. 제 가치를 받지 못해서 자금 확보에 도움이 되지 않거나, 회사가 우량해서 자본을 자체적으로 충당할 수 있다고 판단하는 경우에 자진 상폐를 결정한다. 경영 지배권을 견고히 하고, 신속한 의사결정과 경영 활동의 유연성을 확보하기 위해 자진 상폐를 하기도 한다. 이유가 어찌 되었든 상장을 유지하는 것보다 실익이 있다고 생각하는 것이다.

문제는 그 이득으로 인해 누군가가 피해를 보는 경우다. 자진 상폐를 하려면 보통 사전에 공개매수를 진행해 지배주주가 일반주주의 지분을 취득하게 된다. 이때 유통 중인 주식의 95%(코스닥은 관행상 90%)를 확보하면 자진 상폐가 가능하다. 일반적으로 공개매수 가격은 현재 주가보다 높게 책정된다. 상폐를 위해 주식을 확보하는 일이 쉽지 않기 때문이다. 그만큼 프리미엄을 얹어 주는 것이다. 그래서 혹자는 일반주주들에게는 이득이 아니냐고 생각하기도 한다. 그런데 실상은 그렇지 않다. 오히려 우량 기업의 자진 상폐는 지배주주가 일반주주들을 축출하는 과정이라고 볼 수 있다. 기업이 내재가치보다 싼 가격으로 일반주주의 지분을 취득하면 지배주주에게는 이익이기 때문이다.

예를 들어 주당순자산이 1만 원인데 현재 주가가 4,000원이라고 하자. 그러면 7,000원에 공개매수가를 부른다. 그러면 주가는 올라가고 일부 투자자들은 환호한다. 하지만 일반주주들은 사실 울며 겨자 먹기로 청산가치에도 못 미치는 가격에 주식을 파는 것이다. 사실상 주식을 빼앗기는 형국이다. 기업홍보, 회계감사, 공시 등이 부담된다는 흔하디흔한 기업들의 자진 상폐 사유는 허울 좋은 핑계일 뿐이다.

일반주주 축출을 위한 수순? 자진 상폐의 숨은 얼굴

모 그룹 계열사인 V사는 2012년 자진 상폐했다. V사의 지분 82.2%를 보유하고 있던 지배주주는 공개매수로 주당 3만 7,000원에 잔여지분 17.8%를 매수했다. 자진 상폐를 위한 밑그림이었다. 문제는 당시 공개매수가는 주가순자산비율(PBR) 0.65배 수준으로 회사의 자산 가치와 안정적인 수익을 고려할 때 지나치게 헐값이었다는 점이다.

V사는 자진 상폐 이후 배당금을 대폭 늘렸다. 77억 5,600만 원이던 배당금 총액이 상폐 후 2년 뒤에는 2,600억 원으로 무려 33.5배나 급증했다. 이 돈은 100% 지배주주에게 귀속되었다. 이제껏 배당에 인색했던 이유에 대해 합리적 의심을 해 볼 만했다. 만약에 상폐 전에 이 규모로 배당을 했었다면 그 중 약 460억 원은 일반주주들의 몫이었을 것이다. 주식도 헐값에 넘겨야 했던 일반주주들은 다시 한번 속앓이를 해야만 했다.

이와 비슷한 자진 상폐 사례를 하나 더 살펴보자. 상장사 W사는 2016년 자진 상폐했다. 이를 위해 지배주주는 두 차례의 자사주 공개매수로 7,400원에 약 30%의 일반주주 지분을 사들였다. 이때 들인 돈은 회사 내에 있던 이익잉여금으로 지배주주의 돈은 단 한 푼도 들이지 않았다. 이후 장내매수 등을 통해 자사주를 매입하며 상폐에 성공한 후, 여지없이 폭탄 배당을 감행했다. 2017년 2분기에 중간배당으로 주당 400원(총배당금 약 102억 원)을 배정한 것이다. 그 후 호주계 인프라펀드를 필두로 외국계 자산운용사에 자사주를 포함한 W사 지분 총 97.09%를 약 5,500억 원에 매각했다. 당시 주당 매각가는 2만 2,277원 수준으로 공개매수를 통한 일반주주 매각가의 3배 수준이었다. 결과적으로 일반주주 몫도 포함되어 있는 회삿돈을 지배주주의 이익만을 위해 사용한 것이다.

일반주주들의 푸념은 여기서 끝나지 않았다. W사를 인수한 측은 기말 배당금도 과감하게 책정했다. 2017년 한 해 배당총액은 394억 원으로 순이익 287억 원의 1.37배에 달했다. 기존의 배당성향은 10~20%로 업계 평균에도 미치지 못했으나 일반주주 축출 후에는 136%로 최대 13배 가까이 늘어난 것이다.

이렇게 회삿돈으로 자사주를 사서 자진 상폐가 가능해진 것은 2011년 이명박 정부가 자사주 매입 규제를 완화했기 때문이다. 그전에는 자사주 취득과 보유 및 처분 규제가 엄격했다. 그러다가 2011년부터는 '이사회 결의'만으로 배당가능이익 한도 안에서 자사주 취득이 가능해졌다. 지분 95% 확보 요건에 자사주도 포함되

자진 상장폐지 기업들의 배당금 변화 추이

V사 상장폐지: 2012년 11월 15일 **W사** 상장폐지: 2016년 5월 19일

최대주주 지분

V사:
78.41% (2011년), 99.54% (2012년), 99.92% (2013년), 100% (2014년)

배당 총액 (단위: 만 원)
77억 5600 (2011년), 77억 5600 (2012년), 0 (2013년), 2600억 (2014년)

W사:
60.15% (2015년), 97.09% (2016년), 100% (2017년), 100% (2018년)

배당 총액
35억 6300 (2015년), 31억 7800 (2016년), 394억 1200 (2017년), 630억 5900 (2018년)

출처: 금감원 전자공시

면서 회삿돈으로 최대주주 이익을 극대화하는 방안이 가능해진 것이다.

규제 완화는 애초 주주환원을 좀 더 활발하게 하라는 취지였다. 하지만 실제로는 자사주가 지배주주들의 지배력 확대 및 일반주주 지분율 침탈에 활용되어왔다. 상장사 지배주주가 회삿돈으로 자사주를 사들여 자진 상장폐지에 나서는 사례가 잇따르자, 결국 2019년 이사회가 자사주 매입을 통해 자진 상장폐지에 나서는 것을 제한하는 내용의 법 개정이 이루어졌다.

그럼에도 헐값 자진 상폐는 지금까지도 이어져 오고 있다. 현재 우리 법과 규정상 상장폐지를 위한 공개매수 과정에서 이사회가 일방적으로 그 가격을 결정할 수 있도록 허용하고 있기 때문이다. 보통 그 결정 기준을 주가로 하게 되는데, 회사는 이를 악용하여 부당 행위를 통해 의도적으로 주가를 낮추거나 공개매수 시기를 조정하여 일반주주들이 헐값에 매도하도록 유도한다. 결국 지금과 같은 자진 상폐 방식으로는 일반주주의 재산을 빼앗아 지배주주에 몰아주는 형국이 되고 만다.

이는 치명적인 주주권리 침탈 행위이자 주주들에 대한 배신행위다. 이런 일들이 아무렇지 않게 자행되고 있는 현실이 안타깝다. 투자자들에 대한 동업자 정신이 필요하지만, 우리 기업들은 여전히 달면 삼키고 쓰면 뱉는 식의 사고에서 벗어나지 못하고 있다.

자진 상폐 시 공개매수 가격 산정에 공정성 확보를 위하여

일반적으로 자진 상폐를 하기 위해서는 최대주주의 주식 비율이 95%를 넘어야 한다. 그나마 2019년 증권거래소 규정 개정으로 자진 상폐를 위한 최대주주 등의 지분율을 산정할 때 자사주가 제외된 것은 다행한 일이다. 그 뒤로 지배주주가 회사 자금으로 자사주를 취득해 최소지분율 요건을 충족하는 패악은 사라졌다.

하지만 공개매수 가격의 공정성 문제는 여전히 남아 있다. 현행법에는 공개매수 가격 산정 방법이 명확히 규정되어 있지 않기에 보통 최근 시가에 일정 수준을 할증해서 정한다. 시가를 방패 삼아

공개매수 가격의 적정성 여부를 따지지 않는 것이다. 회사는 법의 테두리 안에서 결정했으니 문제가 안 된다는 입장이다. 결과적으로 자진 상폐 시 일반주주들의 몫은 정당한 가치를 인정받지 못하게 된다.

앞서 말했듯 시가를 기준으로 공개매수 가격을 산정하는 방식은 절대 공정할 수 없다. 다른 OECD 국가들에서 시가 기준 가격 산정 방식을 채택하지 않고, 회사가 직접 공정 가격을 제시하도록 하는 이유다. 그 공정 가격은 자산 가치, 수익 가치, 미래 전망 등 회사의 본질 가치에 영향을 미칠 수 있는 모든 유무형의 요소들을 종합적으로 고려하여 결정한다. 만약 한국처럼 기업가치와 동떨어진 시가를 기준으로 공정 가격을 정하면 바로 소송이 제기되며, 이 경우 공정 가격에 근접하도록 주주가치 제고에 최선을 다했다는 점을 회사 스스로 입증해야 한다. 애초에 일반주주들에게 손실이 가지 않도록 공정 가격을 제시할 수밖에 없는 환경인 것이다. 결과적으로 기업가치에 턱없이 미달하는 헐값으로 공개매수하고 상장폐지하는 일은 이들 나라에서는 절대 일어날 수 없다.

한국기업지배구조원이 발간한 〈자진 상장폐지 목적의 주식공개매수 현황〉 보고서에 따르면, 2010년부터 2017년까지 총 24개의 코스피·코스닥 상장사가 자진 상폐를 목적으로 34건의 공개매수를 진행했다. 이에 따르면, 이 회사들 중 매수가격 산정 근거로 '수익 가치 및 자산 가치 등에 바탕을 둔 적정 기업가치 평가'를 언급한 곳은 단 한 곳도 없었다.

2016년 한국타이어 계열의 차량 배터리 제조업체였던 아트라스BX도 자진 상폐를 목적으로 두 차례에 걸쳐 공개매수를 진행한 바 있다. 하지만 일반주주들의 반발로 결국 공개매수에 실패해 자진 상폐 요건을 충족하지 못했다. 일반주주들은 자사주 매입으로 주당 가치가 올라갔음에도 사측이 공개매수에 지나치게 낮은 가격을 제시한 점을 이유로 들었다. 이처럼 시장 가격에만 의존한 공개매수 가격 산정 방식은 반복적으로 문제가 될 수밖에 없다.

반면 다른 선택을 한 기업도 있다. 2022년 1월 20일 맘스터치가 자진 상폐를 결정했다. 그런데 이 기업의 상장폐지 과정은 남달랐다. 맘스터치는 일반주주들이 보유 중인 지분 15.80%를 공개매수한 뒤 자진 상폐할 예정임을 미리 공시했다. 케이엘앤파트너스가 세운 SPC(특수목적법인)인 한국에프앤비홀딩스가 주식의 11.59%를 사들이고, 맘스터치는 자사주로 4.21%를 취득할 계획이었다. 이들 법인이 목표대로 공개매수를 마칠 경우 한국에프앤비홀딩스와 맘스터치 자사주의 지분율은 각각 79.08%와 20.92%가 되는 것이었다.

당시 맘스터치의 공개매수 가격은 6,200원이었다. 공시 전날 맘스터치 종가(5,200원)대비 19.2% 정도 높은 가격이었다. 지배주주인 케이엘앤파트너스가 맘스터치 일반주주들에게 20% 내외의 프리미엄을 얹어 준 것이었다. 이는 과거 최고가인 6,100원보다도 높은 가격이었다. 맘스터치 주가는 공개매수 가격 공개 후 장중 18%까지 치솟았다.

이 경우 공개매수 과정과 공개매수 가격 산정에서 일반주주 보호에 문제가 될 부분은 없었다. 맘스터치는 그동안 회사를 믿고 투자해준 주주들과의 신의를 지키는 이별을 선택한 것이었다. 이 자리를 빌려 케이엘엔파트너스에게 감사의 마음을 전하고 싶다. 어쩌면 당연한 결정이었으나, 우리 증시의 주주가치 침탈 관행과 비교해 보면 단연 돋보일 수밖에 없는 행보였다.

일반주주 입장에서 자진 상폐를 막을 방법은 딱히 없다. 헐값 자진 상폐가 진행되면 그 피해를 일반주주가 고스란히 떠안게 된다. 특히 공개매수 가격과 시점을 결정할 권한은 기업 내부 사정을 잘 아는 지배주주와 경영진에게 있다. 정보 비대칭성이 존재하는 상황에서 시장 가격에 의존한 공개매수 가격 산정 방식은 일반주주의 이익을 보호하기 어렵다. 무엇보다도 공개매수 가격 산정에 대한 명확한 기준이 마련되어야 하는 이유다. 또한 공개매수 가격에 대한 일반주주들의 이의제기권을 강화하여 그들의 권리를 보호해야 하는 것은 두말할 필요조차 없다.

05.

주주들의 곳간을 터는 유령,
'자사주의 마법'

세계 어느 나라에서도 자사주 매입의 기본 취지는 주
주환원이다. 특히 미국 기업들이 이에 적극적이다. 일례로 애플사
가 2012년부터 2022년까지 자사주 매입 및 소각에 들인 금액은
5,720억 달러(약 774조 원)에 달한다. 2023년에도 100조 원에 달
하는 자사주 매입 계획을 발표했다. 애플을 비롯하여 많은 미국 기
업들이 주주가치를 높이기 위해 자사주를 매입하고 소각한다. 그
이상, 그 이하의 다른 이유는 없다.

자사주 매입은 대표적인 주주환원 정책이다. 자사주로 주주들
에게 배당을 지급할 수도 있고 주가가 저평가 됐을 때 자사주를 매
입해 유통물량을 줄여 주식가치를 높일 수도 있다. 하지만 유독 우

리나라에서는 자사주가 주주환원이 아닌 경영권 방어나 지배주주의 지배력 확대에 주로 쓰인다. 주주 모두의 자산이자 모두를 위해 쓰여야 할 자사주가 특정한 누군가를 위한 무기가 되어 나머지 주주들을 괴롭히는 것이다. 자사주가 어떻게 무기가 되어 우리를 겨누는지 투자자로서 제대로 알아야 하는 이유다. 그래야만 우리 자신을 보호하고 권리를 되찾을 수 있다.

세상에서 없어진 자사주가 되살아나는 마법

기업이 자사주를 매입하면 매입한 금액만큼 회계기준(K-IFRS)상 자기자본이 줄어들게 된다. 회계기준에서 자산이 아닌 것으로 보기 때문에 자사주 지분은 재무제표에서 사라진다. 재무제표의 대변에서는 자본이 감소하고, 차변에서는 현금이 감소한다. 주식이 발행되었던 흔적만 남아 있을 뿐 이 세상에서 없어지는 것과 같다. 그러니 의결권이 남아 있을 리 만무하다. 이뿐만 아니다. 배당청구권, 잔여재산분배청구권, 신주인수권 역시 없어진다.

이때 회사가 합병이나 분할된다면 회사가 보유하고 있던 자사주는 자동으로 소각되는 효과가 발생한다. 분할이나 합병으로 새로운 회사가 되기에 더 이상 자사주가 아닌 것이 되고, 이미 사라진 자사주는 더 이상 처분의 대상도 아니기 때문이다. 이러한 구조는 전 세계에 공통된 것이다.

그런데 희한하게도 우리나라에서는 재무제표상 사라졌다고 기록해 놓은 자사주를 처분할 때 마치 회사가 가지고 있는 자산처럼 취급하고 지배주주의 지분율 수탈을 위해서 동원한다. 도대체 이해할 수 없는 일이다. 다른 나라 사람에게는 부끄러워 말도 못 꺼낼 정도다.

우리나라에는 자사주가 사라졌다 다시 나타나는, 이른바 '자사주 마법'이라는 현상이 있다. 이는 인적분할을 추진하는 회사의 자사주에 신설 회사의 신주를 배정하는 것에서부터 시작된다. 자사주는 분명히 이 세상에서 사라졌고 권리도 없는데, 신주를 배정한다니 당최 이해가 되질 않는다. 그래서인지 '마법'이라는 비유가 너무나도 적절해 보인다.

그러면 왜 마법을 통해 다시 살려낸 것일까? 이를 이해하기 위해서는 20여 년 전으로 거슬러 올라가야 한다. 지주회사법은 외환위기 직후 정부가 재벌의 순환출자를 막고 지배구조를 개선하기 위해 도입되었다. 복잡한 순환출자 구조를 '지주회사-자회사-손자회사'로 이어지는 수직적 출자구조로 단순화하여 지배구조를 투명하게 만들고, 원활하게 구조조정을 하도록 만들겠다는 의도였다. 하지만 막상 대기업들이 지주회사 체제로 전환하려면 인적분할 후 지주사가 자회사 주식을 취득하는 데 막대한 비용이 필요했다.* 이

---

* 현행법상 지주회사는 상장 자회사의 지분 20%, 비상장 자회사는 40% 이상을 보유해야 한다

때 '자사주의 마법'이 회사의 비용 부담을 줄이는 데 중요한 역할을 했다.

앞서 언급했듯이, 인적분할은 한 회사의 재산을 분할하여 존속법인과 신설법인으로 나누고 기존 주주들에게 지분율대로 각 회사의 주식을 배정하는 방식으로 이루어진다. 보통 지주회사 전환을 위한 인적분할에서는 존속법인이 지주회사가 되고 신설법인이 사업회사가 되는데, 만일 분할 이전에 10%의 지분을 보유한 주주라면 인적분할 이후 지주회사뿐만 아니라 사업회사에 대해서도 10%의 지분을 갖는 것이다.

그런데 우리나라에서 기존 회사가 자사주를 보유하고 있으면 얘기가 조금 달라진다. 회사의 재산 분할 시 자사주를 지주회사에 귀속시키고 '마법'을 일으켜 자사주를 자산화한 후 사업회사의 신주로 배정하는 것이다. 결과적으로 지주회사가 사업회사의 지분을 보유하게 된다. 별도의 추가 자금을 투입하지 않고도 '지주회사-자회사' 구조가 만들어진 셈이다.

문제는 이 구조가 누구한테 득이 되며, 이 구조를 만들기 위해 마법처럼 살아난 자사주는 원래 누구의 것인가를 생각해 볼 필요가 있다. 자사주는 회사의 이익잉여금으로 매입한다. 이익잉여금은 회사가 경영활동을 통해 벌어들인 자산으로 특정한 누군가에게 귀속되는 것이 아닌 주주들에게 지분율만큼 비례적으로 귀속되어야 마땅하다. 더군다나 이익잉여금으로 매입한 자사주도 마찬가지다. 이러한 자사주가 특정한 누군가를 위해서만 쓰였다면 나머지 주주들은 그만큼 손해를 보는 것이다.

그동안 수많은 국내 기업들이 지주회사 체제로 전환하면서 자사주 마법을 활용했다. 인적분할 방식을 통해 지주회사로 전환하면서 별도의 자금 투입 없이 지배주주의 지배력을 키워왔다.

반면 주주환원에 쓰일 돈이 다른 데 쓰였으니 일반주주 입장에서는 그만큼 권리를 빼앗긴 것이나 다름없다. 그럼에도 일반주주

지주사 전환 시 자사주 활용 시나리오

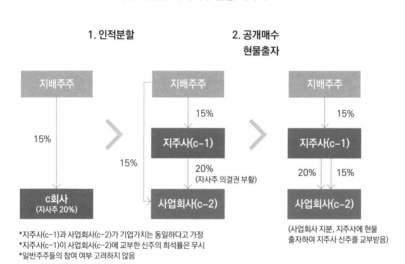

1. 인적분할

**2. 공개매수
현물출자**

*지주사(c-1)과 사업회사(c-2)가 기업가치는 동일하다고 가정
*지주사(c-1)이 사업회사(c-2)에 교부한 신주의 희석률은 무시
*일반주주들의 참여 여부 고려하지 않음

(사업회사 지분, 지주사에 현물
출자하여 지주사 신주를 교부받음)

지배주주가 15% 지분을 가지고 있고, 자사주가 20%인 c회사가 있다. c회사를 인적분할하여 지주사 체계로 전환하는 과정에 '자사주 마법'으로 자사주 의결권이 부활, 지주사(c-1)은 분할한 사업회사(c-2)에 대해 20%의 지분을 갖게 된다. 이에 더해 사업회사(c-2) 공개매수 과정에서 지배주주는 현물출자 방식으로 사업회사(c-2)에 대한 지분을 지주사(c-1)의 신주로 교부받으며, 지배력을 강화하게 된다.

들은 '자사주 마법'이라는 생소한 단어 조합과 복잡한 과정 때문에 이해하기를 꺼려왔다. 검은 속도 모르고 자사주를 매입한다고 하면 마냥 기뻐했다. 그것이 어떻게 돌아올 줄 모르고 말이다. 그러는 동안 지배주주의 지배력 강화를 위한 방법은 더 진화되어 왔다.

여기서 지배력 강화에 방점을 찍는 것이 있으니, 바로 인적분할 후 지분율을 높이기 위한 방법으로 쓰이는 주식 맞교환, 즉 현물출자다. 인적분할 후 지주회사가 신주를 발행하는 유상증자를 실시하면서 사업회사 주주들이 가진 주식을 공개매수 할 때, 지배주주는 자신들이 보유한 사업회사 지분을 맞교환하는 현물출자 방식을 통해 지주회사에 대한 지배력을 높일 수 있는 것이다. 일반적으로 인적분할 후 지주회사는 주가가 하락하는 반면 사업회사는 주가가 상승하는데, 그 시점에 공개매수를 하면 높아진 사업회사 지분 가치 덕분에 지배력 강화 효과는 배가 된다. 이는 또 일반주주의 주주가치 훼손으로 이어질 수밖에 없다. 자사주 마법에 이은 두 번째 침탈인 셈이다.

우리나라에서 자사주는 또 다른 형태로 일반주주를 배신하기도 한다. 이른바 '자사주 맞교환'이다. 경영권 방어를 위한 백기사로 자사주를 활용하는 것이다.

2022년 11월 고려아연이 LG화학, 한화와 자사주를 맞교환했다. 이는 흔한 일은 아니다. 지분 교환과 동시에 의결권이 부활하는 자사주 특성상 기업 지배구조에 어떤 변수가 생길지 모르기 때문이다. 신뢰와 담보 없이는 섣불리 내릴 수 없는 결정이다. 그럼에도 고려아연은 과감하게 자사주 맞교환을 택하면서 보유 중이던 자사주 119.6만 주(지분율 6.0%, 약 7,668억 원)를 활용해 총 5곳의 전략적 투자자(SI)*와 재무적 투자자(FI)**를 확보했다.

고려아연의 자사주 맞교환을 두고 세간에는 글로벌 배터리 시장과 수소 시장을 각각 선도하고 있는 LG화학, 한화와 전략적 파트너십을 강화했다는 긍정적인 평가도 있었다. 하지만 고려아연의 이러한 결정에는 또 다른 목적이 숨어 있었다. 바로 경영권 방어 차원의 전략이었다. 적대적 M&A 가능성에 자사주를 활용하여 우군을 끌어들인 것이다. 문제는 이 같은 지배주주의 자사주 활용은 일반주주에게는 주주가치 희석이라는 치명적인 결과로 이어진다는 점이다. 고려아연뿐 아니라 LG화학과 한화의 일반주주들에게도 마찬가지다. 결국 지배주주의 이익을 위해 일반주주의 희생을 서슴지 않았던 것이다.

자사주 소각, 주주환원을 위한 끝맺음

본래 자사주 매입 취지는 주주환원이다. 자사주 소각까지 이어지

---

* 기업 M&A나 대형 개발사업 등으로 대규모 자금이 필요할 때 경영권 확보를 목적으로 자금을 지원하는 투자자들을 말한다.

** 기업 M&A나 대형 개발사업 등으로 대규모의 자금이 필요요할 때 경영에는 참여하지 않고 일정 수익만을 취하기 위해 자금을 지원하는 투자자를 말한다.

는 것이 상식인 이유다. 하지만 여전히 많은 기업들이 주주가치 훼손은 아랑곳하지 않고 오직 신사업 진출과 성장 모멘텀 확보라는 미명하에 자사주를 지배력 확대에 활용한다. 다행인 것은 최근 들어 희망이 보이고 있다는 점이다. 삼성물산, 네이버, 현대모비스, 금호석유화학, SK케미칼 등 우리나라를 대표하는 기업들이 자사주 소각을 통해 주주환원에 적극 동참하고 있다.

삼성물산은 우리나라 지배구조 측면에서 가장 중심에 놓인 기업이다. 동생들이 그대로 따라하는 큰 형님 격이다. 이런 기업이 2023년 초 열린 이사회에서 주주환원 정책으로 2025년까지 3년간 자사주 전량을 소각하기로 결정했다. 삼성물산이 보유한 자사주는 보통주 13.2%와 우선주 9.8%로 당시 시가로 3조 원 수준이다. 소송과 관련된 주요 혐의를 불식시키기 위한 행위라고 보는 견해도 있지만 분명한 것은 아주 큰 변화라는 사실이다.

테크 기업의 상징인 네이버도 2023년 10월 3,053억 원어치의 자사주를 소각한다고 공시하며 이에 동참했다. 이는 총 발행 주식의 1%에 해당하는 규모로, 네이버는 향후 3년간 매년 약 1%씩 소각할 계획을 밝혔다. 중장기적으로는 자사주 보유 비율을 5% 이내로 유지할 것이라고 했는데, 이는 앞으로 있을 자사주 매입은 곧 소각으로 이어질 것이라 의미이기도 하다. 이번 결정은 연말부터 시행 예정인 잉여현금흐름(FCF)의 15~30%를 매년 현금 배당하는 건과 별도로 회사의 적극적인 주주환원 의지를 보여주는 것이라 할 수 있다.

현대모비스는 현대그룹 내에서 가장 꾸준히 자사주를 소각하는 기업이다. 지난 10년간 여섯 번(2023년 제외)의 자사주 소각을 진행했으며, 총 소각 규모는 약 9,700억 원에 달한다. 2023년에도 1,500억 원의 자사주를 매입했으며 전량 소각할 계획임을 밝힌 바 있다. 현대모비스는 지난 2019년 3개년 중·장기 주주환원 정책을 발표한 이후 총 2조 6,000억 원 규모의 주주환원 정책을 충실하게 이행해 온 기업이다. 2022년부터는 자사주 소각을 연간 단위 시행으로 전환하고 3,132억 원 규모의 자기 주식을 매입한 뒤 625억 원 규모의 자사주를 소각했다.

금호석유화학은 2023년 한 해 동안 1,000억 원 규모의 자사주를 매입할 예정이며, 자사주 취득이 끝나면 해당 주식은 전량 소각할 계획이라고 밝혔다. 2022년 10월에도 1,500억 원 규모의 자사주를 소각한 바 있다. 2021년 12월 금호석유화학은 향후 2~3년간 별도 재무제표 기준 당기순이익의 25~35%를 주주환원 재원으로 사용한다는 계획을 발표했으며, 이 중에서 5~10%는 자기주식 취득 및 소각에, 20~25%는 현금배당 정책에 활용할 방침이라고 한다. 2023년 자기주식 취득과 배당금 규모는 2022년 별도 재무제표 기준 각각 당기순이익의 17.4%, 25.5%에 해당한다.

SK케미칼은 2022년 자기주식 38만 9,489주의 소각을 결정했다. 약 500억 원에 달하는 규모로, 주주들은 SK케미칼의 자사주 소각 결정을 환영하며, 주주가치 제고를 위해 지속적인 정책 추진에 대한 기대감을 내비쳤다.

이제는 기업인들도 자사주가 무엇을 위해 존재하는지, 무엇을 위한 용도인지 진정으로 알기 시작했다. 주주환원을 위한 자사주 소각 결정을 보면 알 수 있다. 자사주 매입과 소각은 그 의도와 결과가 엄연히 다르다. 자사주 매입만으로는 반쪽짜리 주주환원일 뿐이다. 언제 어딘가에 다시 마법처럼 나타날 수 있기 때문이다. 자사주 소각을 강제할 순 없으나 이러한 문화가 정착되어 우리나라에서 일반주주를 해치는 마법이 더 이상 일어나지 않길 바란다. 자사주 소각이 주주환원을 위한 끝맺음임을 기억해야 한다.

증권거래소가 내부 지침만 바꿔도 자본시장이 달라진다

우리나라 금융당국도 기업들이 자사주를 경영권 방어 수단으로 활용하는 관행을 우려하며, 기업이 자사주를 매입한 후 의무적으로 소각하도록 하는 방안을 고려하고 있다고 밝힌 적이 있다. 물론 자사주 소각 문화가 정착되지 않은 한국에서는 법제화를 통해 강제할 필요성도 있다. 하지만 법으로 강제하면 기업들이 반발할 가능성이 높고 경영 자율권 침해의 소지도 있다. 이에 금융당국은 지난 2023년 2월 '기업들의 자사주 취득 후 의무 소각'은 추진하지 않기로 최종결정했다. 다만 기업이 자사주를 매입할 때 이에 대한 취득과 처분 목적 등에 대한 공시를 강화할 방침이라고 밝혔다.

여기 자사주 소각 문화가 정착되기에 앞서 단기 해법이 있다. 자사주를 제외한 유통주식수를 기준으로 시가총액을 산출하는 것이 바로 그것이다. 이를 위해서 법을 바꿀 필요도 없다. 단지 거래소의 내부 지침만 바꾸면 된다.

일례로 미국 등 다른 나라에서는 발행주식 총수에서 자사주를 제외한 유통주식수를 기준으로 시가총액을 산출한다. 기업이 자사주를 매입하면 그 즉시 유통주식수가 줄고 시가총액이 감소하고 주가는 상승한다. 주주환원 효과가 생기는 것이다. 그런데 유독 한국에서는 희한하게 발행주식 총수를 기준으로 시가총액을 계산한다. 그래서 자사주를 매입해도 시가총액 계산이 달라지지 않고, 주가에도 아무런 변화가 없다. 우리 거래소는 자사주 매입이 주주환원이라고 재무제표를 공시하면서도 시가총액상으로는 자사주 매입을 주주환원으로 인정하지 않고 있는 것이다. 전 세계에서 유일한 모순된 계산법이다.

이러한 시가총액 계산 기준은 거래소의 내부 지침일 뿐이다. 즉 거래소가 내부적으로 시가총액 계산 지침만 바꾸어도 코리아 디스카운트를 일부 해결할 수 있다. 간단한 방법으로 우리 자본시장의 잘못된 관행과 질서를 바꾸고 거버넌스를 건강하게 개선할 수 있다. 남은 것은 의지와 실천의 문제다.

06.

'그들만의 리그'에서
'우리 모두의 리그'로,
주주에 대한 이사의 수탁자 의무

X사는 국내 선도업체이자 글로벌 시장에서도 활약하고 있는 제조 기업으로, 해마다 매출과 영업이익이 증가하는 탄탄한 기업이었다. 하지만 2021년 자금관리 직원의 수천억 원대 횡령 사건으로 상장폐지 위기에 휘말렸다. 당시 직원이 횡령한 금액은 회사 자본금의 100% 이상 되는 액수로, 이는 한국 기업 역사상 최대 규모의 횡령 사건이었다. 상장사가 자기자본의 5% 이상의 횡령 사건이 발생하면 이는 상장폐지 요건에 해당하기에 X사는 곧바로 주식 거래가 정지되었고 상장 적격성 실질 심사도 받아야 했다.

해당 직원이 횡령한 돈으로 구입한 금괴의 절반을 X사의 지배주주인 대표에게 넘겼다고 진술하면서 경영진 연루 의혹까지 불거졌으나 경찰은 이에 대해 무혐의로 결론지었다. 하지만 이 사건은 기업 경영진의 부실 경영과 도덕적 해이를 보여주는 사건임에는 분명하다. 무엇보다도 경영진이 회사를 제대로 관리하지 못한 책임까지 회피할 수는 없다.

주주의 비례적 이익을 훼손한 회사, 이사의 책임은 없을까?

X사의 대규모 공금 횡령 사태는 한국 기업의 거버넌스가 얼마나 낙후되었는지를 보여주는 단적인 예라 할 수 있다. 한국 자본시장이 선진국으로 나아가는 열쇠는 바로 이런 고질적인 거버넌스 문제를 얼마나 개선하느냐에 달려있다고 해도 과언이 아니다. 자본시장 선진화를 위해서는 '주주에 대한 이사의 수탁자 의무' 이행이 필히 전제되어야 한다.

주식투자를 하는 것은 투자 계약을 체결하는 것과 같다고 앞서 설명한 바 있다. 즉 주주가 회사의 주식을 산다는 것은 주주가 자기 재산을 회사에게 위탁하여 그에 대한 책임을 맡기는 일종의 신탁계약인 셈이다. 이 경우 수탁자는 신의성실을 다하고 충실하게 의무를 수행해야 하는데, 이를 수탁자 의무 또는 신인의무(信認義務, fiduciary duty)라고 한다.

이사회는 회사의 최고 의사결정 기구로서 경영진을 감독하고 회사의 전략과 정책을 결정하는 책임이 있다. 그 역할에 따라 이사회의 이사는 기업가치나 주주가치를 훼손하는 일이 발생하면 이를 바로잡기 위해 나서야 한다. 그것이 주식회사에서 이사의 역할이고 존재 이유다. 만약 이사가 회사 내부의 부당한 경영 문제가 발생하거나 주주에게 피해가 간 사실을 알고도 이를 방관하거나 동조했다면 이사에게도 법적 책임이 있다. 수탁자 의무를 다하지 않았기 때문이다.

하지만 우리나라에서는 이사에게 법적 책임을 묻는 것이 매우 어렵다. 우리나라 상법에 규정된 '이사의 의무' 조항 내용을 보면 "이사는 법령과 정관의 규정에 따라 회사를 위하여 그 직무를 충실하게 수행하여야 한다"고 적시돼 있다. 문제는 이사의 선관주의 의무*와 충실 의무를 '회사를 위한' 것으로 규정하고, 주주에 관해서는 명시적인 규정을 두고 있지 않은 것이다. 실제로 우리나라 대법원 판례 등을 보면 이사에게 주어진 의무 보호 대상을 회사 이익에 한정해 놓고 여기에 주주 이익은 포함하지 않고 있다.** 이는 곧 대법원이 이사의 주주에 대한 수탁자 의무를 인정하지 않는다는 의미다.

우리나라와 달리 미국, 일본 등 주요 선진국은 주주 이익을 위한

---

* 선관주의의무는 한 마디로 선량한 관리자의 주의의무다. 해당 관리자가 속하는 사회적, 경제적 지위 등에서 일반적으로 요구되는 주의를 다 하는 의무를 말한다.

** '이사가 일반주주들에 대하여… 주주의 재산보전 행위에 협력하는 자로서 타인의 사무를 처리하는 자의 지위에 있다고 볼 수 없다'(대법원 2002도7340 등)와 같은 대법원 판례

이사의 책임을 구체적으로 명시하고 있다. 특히 미국은 '듀티 오브 로열티(Duty of loyalty)'라는 법으로 이사가 주주들에 대해 투철한 충성심을 보여야 한다고 직접적으로 인정하고 있다.

사실 법적으로 어떻게 명시되어 있든 이사의 주주에 대한 수탁자 의무는 주식회사 제도의 본질에서 나오는 사안이다. 회사는 자본과 노동이 결합되어 이루어진 인적·물적 조직체로 주주의 투자자본 역시 회사의 본질적 구성요소다. 또한 이사의 모든 권한은 주주들의 집합체인 주주총회에서 위임된 것이다. 그런 점을 고려할 때 이사의 주주에 대한 수탁자 의무는 상식이나 다름없다. 그러나 우리나라에서는 여전히 이를 받아들이지 못하고 있다. 왜곡된 기업 거버넌스 문화에 젖어있는 탓이다.

지배주주에게도 적용되는 수탁자 의무

선진국에서는 회사가 아닌 주주에 대한 이사의 수탁자 의무를 강조하는 것만으로도 부족함이 없다. 이와 달리 한국에서는 그 이상이 필요하다. 그 이유는 기업 거버넌스와 관련되어 있다. 선진국에서는 주주 간 이해관계가 상충하는 경우가 드물지만, 한국에서는 발생하는 문제 대부분이 지배주주와 일반주주 간 이해관계가 상충하는 데서 비롯된다.

사실 이는 과거 미국에서도 마찬가지로 논란거리였다. 미국 델라웨어 대법원이 1983년 불공정한 합병에 관한 소송인 'Weinber vs. UOP' 사건을 판결하면서 소위 '완전한 공정성의 원칙(entire fairness rule)'을 정립하게 된 이유다. 아래는 그 판결문의 일부다.

> "이사뿐만 아니라 지배주주 역시 일반주주에 대하여 수탁자의 의무가 있다. 일반주주를 축출할 경우에는 일반적인 경우보다 훨씬 엄격한 주주 보호 절차가 필요하며, 거래의 기초가 된 자료들을 주주들에게 공개해야 하고, 입증 책임에서도 완전한 공정성의 원칙을 준수하여야 한다."

40여 년 전의 판결문이지만 그 당시의 시대상을 바라보는 미국 델라웨어 대법원의 고민이 엿보인다. 지배주주가 이사회 승인과 주총 결의에 대해 갖는 영향력 때문에 완전한 공정 기준을 적용해야 함을 법원이 강조한 것이다. 또한 일반주주가 불공정하다고 판단할 경우 이사회와 지배주주에게 직접 손해배상책임을 물을 수 있다고 명시하기도 했다. 실제로 이 델라웨어 대법원의 판결은 지금까지도 자본거래에 관한 글로벌 기준으로 받아들여지고 있다.

우리나라에서 벌어진 수많은 선례를 보면 알 수 있듯이 이사회는 회사를 위한다는 명목하에 지배주주의 이익을 추구하는 경향이 있다. 회사를 위한 과감한 결정이었다고, 합법적인 틀 안에서 내린 선택이었다고 항변 하나, 사실은 그 배후에 지배주주가 있었기 때문에 가능한 일들이다. 대개 지배주주가 이사회에 포함되어 있음은 물론이거니와 지배주주의 의결권을 감안하면 주주를 위했다는 명분도 생기기 때문이다.

지금 한국의 기업 거버넌스는 미국의 1970~1980년대와 비슷한 상황에 놓여 있다. 우리 삶이 윤택해진 것과는 별개로 자본시장의 여러 부조리와 악습이 쉽게 근절되지 않고 있다. 여전히 과거에 머물러 있는 셈이다. 이는 단순히 있는 자들의 교묘한 술수 때문만은 아니다. 우리가 자본시장을 '부자, 그들만의 리그', '나와는 별개인 세상'으로 바라봤기 때문이다. 타성에 젖어 깊게 고민할 시도조차 하지 않은 것이다.

이제는 더 나은 미래를 위해 고민을 시작할 때다. 무엇보다도 자본시장과 기업은 그들만의 것이 아니며, 우리의 자산이라는 것을 잊지 말아야 한다. 이는 우리가 주인의식을 가지고 수탁자로서 의무를 다하지 않는 자에게 쓴소리 하기를 마다하지 않으며, 그들이 수탁자 의무를 다할 수 있는 여건을 만들어가야 하는 이유이기도 하다.

'주주에 대한 이사의 수탁자 의무'를 명시하는 입법이 필요하다

2021년 아시아기업지배구조협회(ACGA)가 발표한 'CG Watch 2020'에 따르면, 한국의 기업 지배구조 점수는 52.9점으로 아시아 12개국 중 9위였다. 1위는 호주(74.7)이며, 홍콩(63.5)·싱가포르(63.2)·대만(62.2)·말레이시아(59.5)·일본(59.3)이 그 뒤를 이었다. 우리나라는 인도(58.2)·태국(56.6)에도 밀려 9위를 차지했다. 기업 거버넌스 후진국임을 보여주는 이러한 결과는 우리가 여전히 주주의 권리나 이익을 온전히 지켜내기 어려운 나라에 살고 있음을 보여준다.

후진적인 기업 거버넌스를 벗어나기 위해서는 무엇보다도 이사회의 역할이 재정립되어야 한다. 이사가 '회사'나 '지배주주'만이 아니라 '전체 주주'에 대하여 수탁자 의무와 충실 의무를 부담한다는 개념을 명확히 할 필요가 있다. 혹여 이사회가 일반주주의 권리를 침탈한 경우 이를 바로 잡고자 소송을 제기할 수 있는 법과 제도가 마련되어야 한다. 이는 내가 투자한 기업의 이사들이 '전체 주주'의 이익을 위해 의사 결정할 것이라는 믿음으로 이어질 것이다. 그리고 뒤따라 자연스럽게 기업가치가 올라갈 수밖에 없는 환경이 조성될 것이다.

일본의 최근 사례를 볼 때 기업 거버넌스 개선과 자본시장 활성화 간의 관계는 명확하다. 일본의 아베 총리가 2012년 재정개혁의 일환으로 거버넌스 개혁을 시작했다는 사실은 널리 알려져 있다. 특히 일본 도쿄증권거래소가 2015년 기업 거버넌스 코드를 도입하면서 이사의 주주에 대한 수탁자 의무와 지배주주와 일반주주 간의 이해충돌 회피 의무 등을 명시했다. 2015년부터 본격적으로 일본 증시 랠리가 시작된 것은 절대 우연이 아니다. 우리도 기업 거버넌스 개선에 사활을 걸어야 한다.

국내에서도 기업 거버넌스를 개선하고자 하는 움직임이 없는 것은 아니다. 2023년 한국거래소 기업지배구조 공시 가이드라인에 따르면 메자닌* 등 자금 조달 시 지배주주와 일반주주 간의 이해충돌을 고려하라는 내용이 담겼다. 기업들도 환경·사회·지배구조 문제를 개선하겠다며 너도나도 'ESG 위원회'를 설립하고 있다. 그러나 이런 것들이 제대로 기능하는지, 명분에 그치는 것은 아닌지 우려스러운 것도 사실이다. 지금처럼 이사회가 지배주주 전횡을 견제하지 못하고 아무런 책임도 지지 않는다면 결국엔 '무시해도 되는 수준'으로 전락하고 말 것이다. 그래서 이보다 더 강력한 처방약이 있어야 한다. 한국 증권거래소는 도쿄거래소의 기업 거버넌스 코드 도입을 본받아 이사의 주주에 대한 수탁자 의무, 지배주주와 일반주주 간의 이해충돌 회피 의무를 전면적으로 도입할 필요가 있다. 이는 우리가 놓아야 할 첫 디딤돌인 셈이다.

종국에는 상법상 이사의 충실 의무 범위에 '주주의 비례적 이익 보호' 의무가 포함되는 입법론적인 해결 방안이 마련되어야 한다. 그렇지 않고서는 주주권리가 침해되었을 때 구제할 수 있는 수단이 없다. 결국은 지배주주의 시혜를 기대하거나 마지못한 주주 달

---

* 돈을 빌려준 사람이 담보권 대신 높은 이자나 주식에 대한 인수권 등을 받는 후순위채

래기에 만족하는 사례가 반복될 것이다.

언제까지 그럴 수는 없는 노릇이다. 지금부터는 전혀 다른 국면이 전개되어야 한다. 국민의 참여가 절실한 이유다. 우리가 직간접적으로 투자하고 있는 기업에 관심을 가지고 견제하는 것만으로도 기업은 서서히 변해갈 수밖에 없다. 세상을 변하게 하는 힘은 우리 손에 있다.

07.

주주 발목 잡는 '즉시항고', 증권 집단소송의 족쇄를 풀자

주식투자에 실패하면 그 책임은 누구에게 있을까? 당연히 투자자 개인에게 우선적으로 그 책임이 있다. 하지만 우리나라에서는 투자 실패의 책임을 전적으로 개인의 몫이라고 단정 짓기 어렵다. 여러 환경 요인으로 인해 주주가치가 훼손되는 일이 빈번하게 일어나기 때문이다.

우리나라 경제신문 1면을 장식하는 단골 사건의 주인공은 대개 업계 최상위 기업들이다. 주로 시도 때도 없이 벌어지는 횡령이나 배임, 일감 몰아주기, 지배주주에게만 유리한 합병과 물적분할 등의 사건·사고 소식들이다. 신뢰와 책임은 뒷전이고 오로지 지배주주의 이익을 위해 벌이는 일들이다. 이러한 악질적인 행태와 더불어 금융당국의 안이한 대처가 우리 자본시장을 멍들게 하고 있다. 문제는 그 피해를 고스란히 개인투자자들이 떠안고 있다는 점이다.

그동안 한국 경제는 추격형 경제 성장을 거치며 단기간 내에 성과를 달성하기 위해 부정한 관행을 당연시해 왔다. 건강한 투자 환경을 위한 제도적 장치 마련도 등한시했다. 그래서인지 OECD 국가에서는 당연시되는 주주 보호 장치가 한국에는 없다. 결과적으로 한국의 자본시장은 타인을 폭행해도 처벌을 받지 않는 무법천지가 되어버렸다.

이러한 문제를 타개하기 위해서는 무엇보다도 일반주주의 집단적 피해를 효율적으로 구제하는 방안이 우선 마련되어야 한다. 이를 위해 증권 관련 사건에서 소 제기 및 허가 요건을 완화하고 집단소송의 적용 범위를 확대하기 위한 법제도 개혁이 필요하다. 이는 대단히 높은 수준의 원칙과 제도를 요구하는 것이 아니다. 당연히 있어야 할 기본적인 법안조차 없기에 최소한으로 마련되어야 할 법과 제도의 보완을 이야기하는 것이다.

피해자들의 유일한 구제책, 증권 집단소송이 시작부터 어려운 이유

증권 거래 과정에서 다수의 투자자가 피해를 입었을 때 한 사람이 소송을 제기해 이기면 같은 피해를 본 나머지 투자자도 소송 없이 똑같은 보상을 받을 수 있는 제도가 바로 증권 집단소송제도다. 주식 거래 과정에서 발생한 집단적인 피해를 효율적으로 구제하고 개인투자자를 보호하기 위한 제도라고 할 수 있다.

한국에도 증권 관련 집단소송제도가 도입되어 있다. 하지만 허위공시, 분식회계 등의 사유로 국한되어, 집단소송을 제기할 수 있는 경우가 매우 제한되어 있다. 증권 관련 집단소송의 장벽 자체가 지나치게 높고 집단소송 시도 자체를 거의 막아 놓았다고 볼 수 있을 정도다. 높은 소송비용과 기업의 불법행위 입증 어려움, 소송대리인 제한 등 장애물이 많아 어지간해서는 시작하기조차 어렵다.

지난 2005년 증권 집단소송 제도가 처음 시행된 이래로 우리나라에서는 불과 11건의 집단소송이 제기되었다. 그중 1건은 소송 불허가 결정이 확정되어 각하되었고, 6건은 화해 또는 배상판결로 종결되었으며 4건은 아직 계류 중인 상황이다. 입법화된 법이나 현실에서는 거의 없는 것과 마찬가지여서 사실상 사문화(死文化)되었다고 볼 수 있다.

더 큰 문제는 일반 소송과 달리 증권 집단소송은 법원에 증권 집단소송 허가신청서를 제출하고 소송 허가를 받아야 시작할 수 있다는 점이다. 더구나 이 과정에서 회사 측이 이의제기, 즉 '즉시항고'를 하면 절차가 중단된다. 이후 집단소송의 대상이 되는지를 놓고 1심, 2심, 대법원을 거치는 3차례의 재판을 받아야 소 제기 여부가 결정된다. 본 소송이 아닌 허가 신청 과정에서만 3심까지 가고, 본 소송까지 합치면 사실상 6심제라 할 수 있다. 법원의 허가를 받는 데에만도 보통 3년이 걸릴 정도니 결과적으로 실효성이 매우 떨어진다고 볼 수 있다.

2011년 상장사 Y사의 주가조작 사건이 발생했다. 이 사건으로 투자자들이 피해를 보았고, 이들 중 일부가 집단소송 형태로 손해배상청구소송을 제기했다. 그리고 2020년 2월, Y사의 투자자들은 대법원 승소 확정판결을 받았다. 국내에 증권 집단소송제도가 도입된 이후 대법원 본안 판단이 나온 최초의 사례였으나, 소송이 제기되고 확정판결이 나기까지 무려 8년 4개월이 걸렸다. 더구나 손해배상액도 피해 금액의 10%만 인정되었다. 현실이 이러하니 소송의 실효성에 대한 부정적 인식이 팽배해질 수밖에 없다. 현실적으로 소송을 통해 사태를 바로잡기에는 시간과 비용을 감당하기 쉽지 않다.

한국 주주들이 포털 게시판으로 갈 때, 미국 주주들은 법원으로 간다

만약 우리나라가 아닌 미국에서 물적분할 후 동시상장 같은 사건이 일어났다면 어땠을까? 주주들은 그 즉시 집단소송으로 증거개시를 요구했을 것이다. 회사가 명백하게 주주의 이익을 침해하는 결정을 내렸기 때문이다. 물론 미국에서는 이런 사건 자체가 일어날 수가 없다.

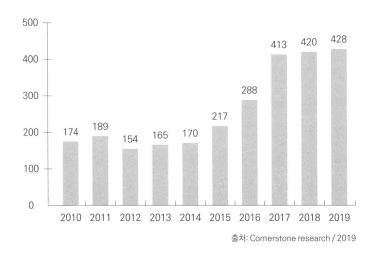

미국 증권관련 집단소송 제기 건수 추이

출처: Comerstone research / 2019

미국에서는 증거개시제도*를 통해 정식 재판이 진행되기 전에
양측이 가지고 있는 증거를 동시에 개시하도록 하고 있다. 이에 따
라, 회사의 이사회나 지배주주에게 '어떤 이유로 그런 결정을 내
렸는지', '그 결정이 과연 주주의 이익을 위한 것인지'를 판단할 수
있는 구체적인 증거 공개를 요청할 수 있다. 이는 주주들이 소송을
주저하지 않는 이유가 된다.

미국은 증권 집단소송제도뿐만 아니라 징벌적 손해배상제도를
도입해 가해자의 행위가 악의적이고 반사회적일 경우 실제 손해

---

* 정식 재판이 진행되기 전 공판준비절차 단계에서 원고와 피고 상호 간(민사소송의 경우), 또는 검사와 피고
인이(형사공판의 경우) 서로가 각자 가지고 있는 증거를 동시에 개시하도록 하는 제도다.

액보다 훨씬 더 많은 손해배상을 부과한다. 소송법상으로 주주의 권리를 철저히 수호하는 것이다. 이에 따라 증권 관련 집단소송 제기가 꾸준히 이루어지고 있다. 미국 연방법원과 주법원에 제기된 증권 집단소송 제기 건수는 2010년 175건, 2019년 428건에 이른다. 특히 소송 제기 이후 3년 이내에 사건의 70%가 종결되었는데, 이는 화해 비중이 높기 때문이다.

미국에서 제기된 집단소송 예로, 2016년 트위터 주주들의 소송이 있었다. 주주들은 "경영진이 2014년 11월, 회사의 성장 전망을 부풀려 주주들에게 잘못된 정보를 제공했다."며 캘리포니아 북부 연방법원에 소송을 제기했다. 당시 경영진은 트위터 월 활성 사용자 수가 단기적으로 약 20% 증가해 5억 5,000만 명에 이를 것으로 예측했으나, 이를 통해 투자자들을 오도했다는 주장이었다. 실제로 2015년 4월 28일에 발표된 트위터의 2015년 1분기 보고서에 따르면, 트위터의 월 활성 사용자 수는 전 분기에 비해서 5% 증가한 데 그쳤다. 그날 트위터의 주식은 18% 급락했다.

이후 2015년 7월에 발표된 2분기 실적보고에 따르면, 월 활성 사용자 수는 단 1%인 200만 명 증가에 그쳤고 발표 직후 주가는 15% 급락했다. 결국 트위터는 2021년 9월, 실적 전망 관련 집단소송을 제기한 주주들에게 총 8억 950만 달러(한화 약 9,500억 원)를 지급하기로 합의했다.

미국에서 이런 일이 가능한 것은 주주권리 보호 5종 세트가 있기 때문이다. 증권 집단소송제도, 증거개시제도, 징벌적 손배제도, 사법방해죄(허위진술죄), 로펌의 주주모집 광고 허용이 그것이다. 한국에는 이런 법적 제도가 단 하나도 없다. 그러니 투자자들이 하소연할 곳이 없어 고작 포털사이트의 주주 게시판에서만 서성인다는 말이 나오는 것이다.

증권 집단소송이
활성화되기 위해서는

최근 국내에서는 앞서 언급한 X사의 대규모 횡령 사건에 대해 주주들의 증권 집단소송이 제기되었다. 해당 사건 후 횡령 당사자에게는 징역 35년형과 약 1,000억 원 규모의 추징 명령이 내려졌지만, 양호한 실적에 힘입어 주가가 반등하기는 했지만, 사건 당시 다수의 투자자가 실망 매물을 쏟아낼 수밖에 없었다. 주주들의 막심한 손해는 보상받을 길이 없었다. 이미 X사의 주가는 곤두박질 친 후였다.

　소송을 제기한 대표 당사자는 회사 내부통제 소홀에 대한 책임을 물으며, 1억 원의 배상금액을 청구했다. 원고 측이 주장한 내용의 핵심은 다음과 같다.

　"X사의 사업보고서 및 이에 첨부된 내부 회계 관리제도 관련 서류에 투자자의 판단에 영향을 미칠 중요한 사항에 관해 허위의 기재나 표시가 있었다. (…) 그로 인해 주가가 하락함으로써 손해를 입었다."

소송을 대리하고 있는 법무법인에 따르면 집단소송을 제기한 지 수개월이 지났으나 소송 법적 요건 확인을 위해 피해자를 확정하는 작업에 시간이 오래 걸리면서 진행이 지연되고 있다고 한다. 까다로운 소송 허가와 투자자의 증거 확보 어려움 속에서 증권 집단소송 제도의 실효성이 도마 위에 가운데, 이 소송의 경과는 향후 집단소송제도가 어떤 방향으로 자리 잡을 것인지를 보여줄 이정표가 될 것으로 보인다.

현재 한국 자본시장과 기업 거버넌스 개선을 위해 도입되어야 하는 제도나 법은 한두 가지가 아니다. 그중에서도 회사의 횡령·배임·이해충돌 행위 등으로 인해 개인투자자들이 집단적 피해를 입었을 때 효율적으로 구제할 수 있는 법 제도가 무엇보다 시급하다. 이를 위해 증권 집단소송 제도와 법적 요건 등을 보다 합리적이고 실효성 있게 개선해 나가야 한다. 더 나아가 이를 통해 증권 집단소송의 성공 사례가 많이 나오길 바란다. 이는 개인투자자들이 시장에 대해 신뢰를 쌓고 투자 활동을 지속할 수 있는 발판이 될 것이다.

Without
Shareholder rights

08.

주주에게 떠넘기는 입증 책임, 증거개시제도로 해결하자

코리아 디스카운트의 핵심 원인이 한국의 기업 거버 넌스 문제라는 것은 이미 공론화되었다. 주식투자자 1,400만 명 시대에 그 심각성을 인식하는 이들이 점차 많아지고 있으며, 그 어 느 때보다도 강력한 연대감으로 주주권리를 찾기 위해 나서고 있 다. 하지만 기업 거버넌스 문제는 여전히 개선되지 않고 있다. 그 이유는 무엇일까?

현실에선 주주권리를 찾기 위한 개인투자자들의 노력이 큰 장 벽에 부딪히는 경우가 많다. 이를테면 이사회의 결정으로 인해 피 해를 본 개인투자자가 회사를 상대로 집단소송을 하려면 소송 당 사자가 직접 그 피해에 대한 증거를 제시해야 한다. 회사가 주주에게 심각한 피해를 주었다는 확증이 있다고 해도 증거자료가 없으면 그들이 어떤 목적으로 그런 의사결정을 했는지 속사정을 구체적으로 알 길이 없다. 심지어 그 증거를 찾아내려면 해당 회사에서 관련 자료들을 받아야 하는데, 그 어떤 기업도 증거자료를 공개하지 않는다. 공개 의무가 없기 때문이다. 개인투자자가 큰맘 먹고 집단소송을 제기해도 결코 유리한 고지에 설 수 없는 이유다.

증거개시제도가 반드시 도입되어야 하는 이유

2019년 LG화학(현 LG에너지솔루션)과 SK이노베이션이 미국에서 전기차용 배터리 영업비밀 침해 소송을 벌였다. 이 과정에서 LG에너지솔루션은 미국 국제무역위원회(ITC)에 SK이노베이션의 조직적 증거인멸 시도가 있었다며 근거 자료를 제시했다.

소송 과정에서 SK이노베이션이 'A7배터리셀에 관한 2013년 5월 자 PPT 파일' 등 제출 의무가 있는 문서를 찾기 위한 적정한 검색을 하지 않았다고 지적한 것이다. 특히 증거개시 절차가 끝날 때까지 이 문서의 존재가 알려지지 않았으나, 수석 판사의 포렌식 명령으로 시행된 검사에 따라 문서의 존재가 드러났다는 점을 강조했다. 무엇보다 이 사실은 '전사 차원에서 자행된 조직적인 캠페인의 맥락 아래 의무 위반이 행해졌다'는 점에서 주요 쟁점으로 부각되었다.

결국 이 소송에서 SK이노베이션은 최종 패소했다. 증거개시 명령에 불응했기 때문이다. 한국은 증거가 될 수 있는 문서 제출 명령에 불응했다는 이유로 패소 판결을 받을 수 없지만, 미국은 '증거개시 명령'에 불응하는 것만으로도 패소 판결을 받을 수 있다.

증거개시제도는 정식 재판이 진행되기 전 공판 준비 단계에서 원고와 피고 혹은 검사와 피고인이 서로 각자 가지고 있는 증거를 동시에 개시하는 것이다. 미국에서는 강력한 증거개시제도를 통해 사실심리(Trial)가 개시되기 전에 상대방이 사건과 관련해 가지고 있는 증거와 서류를 요구할 수 있다. 그리고 이러한 증거개시에 불응할 경우 강력한 제재 수단을 두고 있다.

증거개시제도를 통해 원고는 피고를 상대로 광범위한 증거 수집을 할 수 있다. 가령 주주로서 지배주주의 횡령이나 배임 등으로 인한 사익편취가 의심되어 이에 대한 증거를 찾아야 할 경우, 주주가 문제를 제기하면 회사가 그에 상응하는 증거자료를 제출해야만 한다. 그러나 한국처럼 증거개시제도가 도입되지 않은 나라에서는 소송의 입증 책임이 주주에게 있다. 기본적인 증거자료를 회사가 내놓지 않으면 혐의를 입증할 방법이 없는 것이다. 사정이 이러하니 소송에서 어떻게 이길 수 있겠는가. 시작도 하지 못하는 것이 다반사다.

나도 이를 몸소 경험하고 있다. 2006년부터 17년 동안 장기 투자를 해 온 Z사에 대해 지난 2020년 검사인 선임을 신청했다. 회사가 일감 몰아주기와 매출 거래 등을 통해 불합리한 사익편취를 하고 있지 않은지 확인하고, 이를 방지하고자 한 것이었다. 검사인은 회사의 업무·재산 상태를 조사하는 임시 직무로서 회계·재무 등과 관련된 회사 내부 통제장치 및 감사의 역할 등이 정상적으로 기능하지 못한다고 판단될 때, 주주총회 의결이나 법원 판결에 따라 선임할 수 있다. 검사인 선임 신청에 대해 법원은 2021년 10월 Z사의 내부거래 문제를 검사인이 살펴볼 필요가 있다고 인용 판결했다. 이후, 인용된 지 1년이 지나도 여전히 진행 상황을 알수 없어 회계장부 열람 가처분 신청을 했고, 이를 법원이 인용했다. 하지만 사측이 이에 즉시항고하면서 지금도 법적 다툼이 진행중이다. 입증할 증거를 찾기는커녕 시작도 하지 못한 셈이다. 만약 증거개시제도가 제대로 도입되었더라면 어땠을까. 굳이 여러 절차를 거치며 수고와 시간을 들이지 않아도 될 일이었다.

주주 보호를 위한
마지막 장치

주주가치 제고를 위해 증거개시제도는 시급하게 도입해야 할 방안 중 하나다. 대부분의 나라에는 증거개시제도가 있어서 이사회나 경영진이 기업가치를 훼손했을 때 주주가 소송을 걸어 관련 증거를 공개하도록 요구할 수 있다. 이런 법적 제도가 있기에 조금이라도 배임의 소지가 있는 거래는 할 수 없게 된다.

실제 이 제도가 생긴다면 기업은 특정 의사결정을 할 때마다 신중을 기할 수밖에 없다. 이사회의 결정이 혹시라도 주주에게 손해를 끼치면 이로 인해 소송을 당할 수도 있다는 경각심을 갖게 된다. 가장 경쟁력 있는 사업 부문을 물적분할한 후 따로 상장시키거나, 인적분할을 해서 자사주 마법을 부리는 꼼수를 애초에 생각할 수 없도록 원천 차단하는 효과도 있다. 왜냐하면 최선의 결정을 내렸다는 증거를 만들어 두어야 하기 때문이다. 이처럼 증거개시제도만 생겨도 현재 일어나고 있는 수많은 주주가치 훼손 사례와 문제 중 많은 부분을 해결할 수 있다.

만일 기업이 일반주주의 이익을 침탈하고 권리를 훼손하거나, 사내 유보금을 주주에게 환원하지 않고 지배주주의 주머니로 이전하는 등 악질적인 행위를 할 때 소송을 제기할 수 있다면 어떻게 될까? 회사 이사회는 모든 결정에 앞서 '과연 이것이 주주를 위한 최선의 선택인가?'라는 질문을 하면서 일할 수밖에 없을 것이다.

미국과 영국, 싱가포르, 말레이시아 등 여러 나라가 이미 증거개시제도를 도입했다. 이에 따라 소송 시 회사는 반드시 모든 관련 자료를 원고인 주주에게 공개해야 하고, 그 자료를 보고 원고는 자신의 피해 사항을 입증할 수가 있다. 이런 상식적인 일이 우리나라에서도 하루빨리 일어나야 한다.

증거개시제도는 영미에서 발달하였지만, 대륙법의 원류인 독일도 이미 1991년 기존의 '증거보전절차'를 확대하여 제소 전 독립적인 '증거조사절차'라는 제도를 마련한 바 있다. 이는 단순한 증거보전에서 나아가 소송까지 가지 않고 당사자끼리 증거를 확인해 합의할 수 있도록 유도하는 소송 회피 방안이기도 하다. 우리도 형사소송에서는 이미 증거개시제도가 도입되었다. 하지만 아직 민사소송, 특히 증권소송 및 주주소송에는 도입되지 않은 상태다.

일반주주들의 피해구제 정책으로서 증권 집단소송제도 개선과 함께 증거개시제도 도입은 반드시 이루어져야 한다. 특히 어느 나라보다 기업의 비윤리적인 행위가 빈번한 한국 자본시장에 꼭 필요한 일이다. 기업이 어떤 의심스러운 경영행위를 했을 때 그것이 불공정하다고 느껴지면, 주주가 주주대표소송을 할 수 있어야 하며, 아울러 이와 관련된 모든 증거자료를 법정에 공개하라고 요청을 할 수 있어야 한다.

이는 주주 보호를 위한 마지막 장치이다. 이것이 제대로 실행되면 한국의 주식시장에서 개인투자자들은 당당히 주주로서 대접받을 수 있을 것이다. 이는 개인투자자를 위한 것만도 아니다. 이런 제도가 제대로 갖추어져야 우리 자본시장과 기업도 그 가치를 제대로 평가받을 수 있다. 건전한 투자 환경은 궁극적으로 한국 기업이 글로벌 시장에서 선도적인 위치로 나아가고 발전하는 데 든든한 버팀목이 되어줄 것이다.

주주 민주주의 실현을 위한
7가지 제언

WITHOUT
SHAREHOLDER RIGHTS

기업 거버넌스

투자자가 동행하고 싶은
기업이 되려면

우리는 지난 몇십 년 동안 먹고 살기 위한 압축 성장에
매진해 오며 경제민주화를 뒷전으로 미뤄두었다. 그러다 보니 경
제 산업 분야 곳곳에 불공정한 관행들이 여전히 산재해 있다. 앞서
살펴봤듯이 이러한 문제의 근본 원인은 기업 거버넌스에 있다. 권
한과 책임, 위험과 보상을 균형 있게 관리하며 건강한 기업 거버넌
스를 구축했어야 했는데, 그러지 못한 까닭이다.

기업 거버넌스는 기업가치 극대화를 목표로, 주주, 이사회, 경
영자 등 이해관계자들이 힘을 모으는 일이다. 기업 거버넌스가 건
강하면 이해관계자 사이에 힘의 균형이 유지된다. 경영자만이 아
닌 주주의 권리를 인정하고, 지배주주에 앞서 일반주주의 이익을

중시한다. 이사회도 지배주주의 거수기 역할이 아닌 전체 주주를 대변하는 본래의 역할을 고수한다. 기업 거버넌스의 이상적인 모습이다.

한국 기업들의 실상은 이와 정반대로 움직여 왔다 해도 과언이 아니다. 그 결과 한 나라의 자본시장 전체가 저평가되며 '코리아 디스카운트'라는 오명을 얻기에 이르렀다. 나는 이 사실이 항상 안타까웠다. 조금만 생각을 달리 하면 더불어 잘 살 수 있는 나라가 될 수 있는데, 그렇지 못한 현실에 애통하기도 했다. 그러나 희망을 버리지 않았다. 누군가는 지나치게 이상적이고 현실에 맞지 않는다며 비관적인 말을 쏟아내지만, 우리가 해결해야 할 문제가 훤히 보이는데 가만히 놔둘 수는 없었다. 그것이 바로 내가 자본시장 개선을 외쳤던 이유다.

주주로서 권리를
지키기 위해 나서다

나는 1988년도부터 우리 자본시장과 함께 해왔다. 하지만 투자와 자본시장에 대해 진정으로 눈을 뜬 것은 1998년 외환위기를 겪고 난 이후다. 그때부터 기업의 미래를 내다보고 주인의식과 책임의식을 가지고 농심(農心) 투자 철학을 실천해 왔다. 단 한 주의 주식을 가지고 있더라도, 내가 투자한 동안 그 기업은 온전히 내 회사라는 생각을 견지했다. 주주로서 기업과 동행한다는 생각으로, 다른 한편으론 사업가의 마인드를 품고 투자해 온 것이다. 투자한 기업에 꾸준히 주주제안을 하고 주주서한을 보내며 목소리를 내 온 것도 그 때문이다.

2023년에도 농심홀딩스, 스카이라이프, 국보디자인, 넥센, 디씨엠, 동원개발, 신라교역, 아이디스홀딩스, 한국경제TV, 한국알콜 등 내가 투자한 기업 13곳에 주주제안을 하거나 주주서한을 보냈다. 제안 사항도 다양하다. 배당성향을 올려라, 액면분할로 주주 참여도를 높여라, 사업을 다각화하라, 직원들에게 스톡옵션을 제공하고 업무 환경을 개선하라 등등. 물론 이러한 행동을 반가워하는 기업은 드물다. 생각이 열려 있고 회사의 미래 가치가 보장되기를 바라는 마음에 의견을 적극적으로 수용하는 곳도 있으나 이는 극히 소수다.

주주제안을 하거나 주주서한을 보내는 이유가 단지 투자자로서 내 이익을 지키기 위해서만은 아니다. 그보다는 내가 투자한 기업이 본래 목적에 맞게끔 건강하게 성장하기를 바라는 마음이 더 크다. 나는 우리 기업의 성장과 발전이 국민의 이익으로 연결될 뿐만 아니라, 우리나라의 경제 성장과 발전으로도 이어진다고 생각한다. 이것이 내가 주주제안과 주주서한으로 의견 개진을 멈추지 않는 가장 주된 이유다.

내가 주식투자를 시작한 이후 투자 전도사 역할을 자처한 것은 2010년도부터다. 그때부터 고군분투하며 거버넌스 개선안을 비롯해 다양한 의견을 제안했지만 제대로 관철되는 일은 드물었다. 주총에 가서 발언하다 이상한 사람 취급받던 일도 많았다. 주주행동주의를 한다고 하면 '기업 사냥꾼 아니냐'는 오해도 적잖이 받았다. 사실 자산가로서 편하게 살 수도 있었지만 힘든 길을 자처한 이유가 있었다. 이 길이 옳은 길임을 알았기 때문이다.

지금은 상황이 완전히 달라졌다. 500~600만 명에 불과했던 우리나라 주식투자 인구가 코로나 팬데믹 이후 1,400만 명을 넘어섰다. 예전에는 개인투자자들이 뭉치지 못했다. 힘이 약하다는 식의 지적이 많았고, 실제로 부당한 일이 있어도 목소리 한번 제대로 내지 못하는 일도 많았다. 하지만 이제는 주주들 스스로 움직이고 있다. 특히 MZ세대들은 초연결사회 안에서 유튜브 등 각종 SNS를 통해 자기 생각을 거침없이 이야기하고, 공감하는 부분에는 적극 연대하기도 한다. 주주행동주의는 이런 MZ세대 주주들에 의해 더욱 힘을 얻고 있다.

그런 측면에서 최근 금융당국의 주주제안과 주주서한에 대한 기업의 공시 의무 신설 검토가 사뭇 반갑다. 회사가 주주제안과 주주서한을 확인한 즉시 공시하고, 주주제안을 주총 안건에서 제외할 시 사유를 공시해야 한다는 것이 그 골자다. 고민의 흔적이 엿보이는 대목이다. 이는 주주들의 알 권리 보호와 투명성 제고를 위한 조치로 우리나라 자본시장을 개선하는 데 일조할 것이다.

우리나라 자본시장을 개선하겠다고 다짐한 지 어느덧 10년이 훌쩍 지났다. 그동안 열심히 씨를 뿌려 왔다. 이제는 그곳에서 새싹이 자라나고 있다. 그래서 이제 더 이상 외롭지 않다. 세상을 바꿀 도도한 물결 속에서 꽃만 피우면 되니 말이다.

모든 주주의 권리를 지키는 기업이 되어야 한다

기업은 상장을 통해 자금을 조달한다. 상장 시에는 온갖 장밋빛 전망을 내세우며 투자자들이 회사를 매력적으로 느끼게끔 애쓴다. 그래야만 가치를 높게 인정받아 자금 조달이 용이해지기 때문이다. 투자자들이 고객인 셈이다. 이때는 고객을 유치하기 위해 '당신들이 투자해 준 자본으로 기업을 잘 경영해서 성과를 공유하겠다'는 주식회사로서의 약속을 공표하는 데에도 거리낌이 없다.

그런데 실상은 전혀 딴판이다. 화장실을 들어갈 때와 나올 때의 마음이 다른 것마냥 '당신들에게 투자는 받았으나 경영은 내가 원하는 대로 할 것이고, 이윤을 내면 그건 우리의 공이니 성과를 공유할 의무는 없다'라고 생각하는 경영자들이 많다. 물론 실제로 투자자들에게 이렇게 말하는 이들은 없다. 그러나 말로 외치지만 않았을 뿐 많은 기업이 대놓고 이런 행각을 벌이고 있다.

주식회사에는 주주, 이사회, 감사위원회가 있다. 이 세 가지 조직이 각각 독립적으로 움직여야 하는데 우리나라 대다수 기업은 이사회와 감사위원회가 지배주주에게 종속되어 있다. 그러다 보니 이사회가 지배주주만을 위한 결정은 다반사고 일반주주의 이익에 반하는 행동을 서슴지 않는다. 우리나라 기업 거버넌스 문제의 원인이 여기서부터 비롯된다는 말이 과언이 아니다.

본격적인 거버넌스 개선이 이루어지려면 가장 먼저 소유와 경영의 분리가 이루어져야 한다. 미국에서 대부분의 기업은 소유자와 경영자가 분리되어 있다. 따라서 기업의 소유자라 해도 자기가 소유한 주식의 주가 상승 및 배당을 통해 이익을 얻을 뿐이다. 그러니 일반주주만이 아니라 지배주주까지도 회사의 실적을 높이고 성과를 배분하는 것이 최대의 관심사다. 회사의 실적은 배당과 주가 상승으로 연결되기에 전력을 다할 수밖에 없는 것이다. 주식시장도 결국 주주 전체의 이익을 중심으로 움직이게 된다. 반면 소유와 경영이 분리되어 있지 않은 기업이 많은 한국에서는 기업이 지배주주 개인의 소유물처럼 운영되고, 그것을 이루는 자본시장도 오너 중심으로 돌아가게 된다.

최근 들어 한국 기업 중에도 소유와 경영을 분리해 변화를 이루려는 기업들이 등장하고 있다. 그 예로 2020년 이재용 부회장이 기자회견을 열어 '자녀들에게 경영권을 물려주지 않을 것'이라고 발표한 것을 들 수 있다. 그는 삼성이 승계와 관련해 많은 질책과 비판을 받아온 것을 언급하며, 삼성이 글로벌 일류 기업으로 성장했으나 그 기대에 부응하지 못한 것을 인정했다. 그리고 경영환경이 녹록지 않은 상황에서 어쨌든 자신이 경영자로 제대로 평가받아야 함을 언급했다. 이처럼 한국의 대표적인 기업부터 지배구조 개선에 동참하는 분위기는 변화의 물결이 이미 시작되었음을 보여준다.

패러다임의 전환이 필요한 시점이다. 이제는 우리 기업들도 주식회사의 약속을 지키면서 성숙한 경영의 길로 나아가야 한다. 그럴 때 한국의 투자자들도 일희일비하는 일 없이 우리 기업들과 동행할 수 있을 것이다.

주주총회는 축제가 되어야 한다

주주총회는 주주와 기업 모두에게 중요한 이벤트다. 회사의 기본 조직 및 경영과 관련한 중요 사안을 두고 올바른 결정을 하기 위한 자리이기 때문이다. 더구나 주주의 권한 중에는 의결권이 있는데 이는 주총에 참석해 의사를 표명할 수 있는 권리다. 기업의 중요한 사안을 결정할 때 주주가 얼마든지 자기 의견을 낼 수 있다는 뜻이다. 그 이상적인 모델로 워런 버핏이 이끄는 버크셔 해서웨이의 주주총회를 수 있다.

오마하의 현인이라 불리는 워런 버핏의 버크셔 해서웨이는 매년 5월 첫째 토요일에 2박 3일 일정으로 주주총회를 연다. 주총 전날에는 쇼핑데이 등 다채로운 행사가 펼쳐지고 주총 다음 날에는 마라톤 대회를 진행하는 식이다. 그뿐 아니라 버크셔 해서웨이가 투자한 회사들의 박람회도 열린다. 주총 당일에는 워런 버핏이 직접 참여해 메시지를 전하고, 4~6시간 동안 안건에 관해 설명하고 질의응답하며 주주들과 소통한다. 이를 위해 전 세계에서 수만 명의 주주들이 모여든다. 그야말로 '자본주의자들의 페스티벌'인 셈이다.

우리 기업들도 이를 본받아 버크셔 해서웨이와 같은 주주총회 문화를 만들어 나가야 한다. 무엇보다도 주주들이 대표이사에게 당당히 질문하고, 궁금한 점에 대해 직접 들을 수 있어야 한다. 이런 자리를 통해 대표이사가 갖는 경영 철학과 관점, 사업의 방향성, 주주를 대하는 태도가 드러나게 된다. 사실상 주총은 일반주주가 대표이사를 만날 수 있는 유일한 기회이며, 의결권 행사를 위해서도 가장 중요한 자리다. 따라서 결코 무관심하거나 소홀히 넘겨서는 안 된다.

한국에서도 비슷한 사례가 있다. 바이오 의약품 기업인 셀트리온은 개인투자자들이 60% 이상의 큰 비중을 차지하는 기업이다. 2018년 열린 셀트리온의 주주총회는 마치 축제와도 같았다. 셀트리온 주총에는 약 3,000여 명의 주주가 참여했는데, 백발의 장년층부터 주부, 어린 학생, 직장인 등 참여자들의 성별과 연령대도 다양했다. 어린아이를 데려온 부부의 모습도 종종 눈에 띌 정도로 가족 단위의 참여도 많았다.

이뿐 아니다. 주총 진행 시간 역시 2시간을 넘겼다. 금융위원회

조사에 따르면 2017년 상장사 평균 주총 진행 시간은 31.1분이다. 이에 비하면 거의 4배에 달하는 시간 동안 주총을 진행한 셈이다. 이 중 질의응답에 1시간 30분이 소요됐으며, 총 13명의 주주가 발언 기회를 얻었다. 이는 다른 주총(2017년 상장사 평균 주주 발언 3.9명)에서 발언하는 주주 수에 비해 3배나 많은 숫자다. 이날 해외 일정으로 참석하지 못한 서정진 회장은 전화 연결까지 하며 주주와 적극적으로 소통하는 모습을 보여주었다. 그는 40분간 직접 경영 계획을 발표하고, 질의응답도 진행했다.

주총 후에는 주주들만의 행사도 열렸다. 셀트리온 소액주주연대가 마련한 자리였다. 지난 일 년 동안의 활동 내용 소개와 초청 인사의 강연도 이어졌다. 나는 이날 주주로서가 아닌 강연자로 참석했다. 주인이 아닌 객으로 초대받은 것이다. 그래서인지 더 느낀 바가 많았다. 이제까지 보지 못했던 주주총회의 모습에 부러움과 기대감 등 만감이 교차했다. 특히 '위대한 투자자들이 위대한 기업을 만들었다'는 말이 떠오르며, 우리나라도 언젠가는 이처럼 바뀔 수 있겠다는 희망이 생겼다.

주주총회는 주주들의 축제일이 되어야 한다. 무엇보다도 주주들이 주인으로서 기업의 의사결정에 참여할 수 있도록 다각적인 방법이 모색되어야 한다. 이런 노력이 쌓여 축제와 같은 주주총회가 많아지면 우리의 투자 문화도 개선될 것이다. 이상적인 자본시장을 만드는 것도 절대 요원한 일이 아니다.

Without
Shareholder rights

배당 정책

배당으로 성과를 공유하는
투자 환경과 문화를 만드는 법

작은 마을에 한 농부가 살았다. 매년 봄이 되면 밭에 씨앗을 뿌리고 하루도 빠짐없이 밭에 나가 잡초를 제거하고 병충해가 생기지 않도록 꼼꼼히 살폈다. 그렇게 가을이 되었다. 농부는 설레는 마음으로 밭에 나가 곡물을 수확했다. 이는 한 사람이 노력 끝에 성과를 거두었다는 지극히 평범하고 흔한 이야기다. 그 농부의 행동을 볼 때 결과는 누구라도 쉽게 유추해 낼 수 있다.

그러나 우리 자본시장에서만큼은 이 이야기가 절대 통하지 않는 것 같다. 투자자들의 행동이 그 농부와 같지 않거니와, 혹여 그렇다 하더라도 그 과실을 예측하기 어렵다. 이는 우리나라의 주주환원율만 봐도 쉽게 알 수 있다. 사실상 전 세계에서 꼴찌 수준이다. 정말 놀랍고 부끄러운 일이다. 그래서인지 우리 국민도 기업을 믿고 함께 성장한다는 마음으로 오래 투자하지 않는다. 대체로 장기 투자는 외국 기업에 하고, 국내 기업에는 단기로 투자하는 데 그친다. 우리가 잘 가꿔 키워야 할 자본시장이 매매를 위한 머니게임장으로 변해버린 것이다.

성과를 정당하게 분배받지 못하는 현실에 실망한 국민들

IMF 외환위기 이후 자본시장을 외국인에게 개방한 결과 우리 자본시장은 외국인과 기업인들에게 예속된 형국이 되었다. 우리나라의 글로벌 기업들을 보면 적게는 30%에서 많게는 70% 정도가 외국인 지분이다. 이렇다 보니 주식시장 지표가 좋아져도 그 수혜는 우리 국민이 아닌 외국인에게 고스란히 돌아간다. 다시 말해 우리 기업이 아무리 글로벌 시장에서 활약한다고 해도 우리 국민에게 돌아가는 이익은 제한적인 것이다.

더 큰 문제는 국민들이 앞으로도 우리 기업의 성과를 공유할 마음이 없다는 데 있다. 투자를 했으면 정당하게 분배를 받는 것이 상식인데 실상은 그렇지 않기 때문이다. 실제로 우리 기업 중에는 실적이 늘어날지언정 배당은 제자리인 기업들이 많다.

미국에는 일명 배당 귀족주, 배당 황제주라 불리는 주식들이 있다. 대표적으로 코카콜라, 3M, P&G, 존슨앤드존슨, 엑슨모빌,

AT&T 등이다. 그중에서도 존슨앤드존슨은 손꼽히는 배당 황제주다. 2022년에는 연간 배당금으로 117억 달러(약 15조 원)를 지급했으며 25억 달러(약 3조 원)의 자사주 매입도 실행했다. 존슨앤드존슨의 배당성향은 2021년 52.8%에서 2022년 67.1%로 늘었고, 배당수익률도 꾸준히 2%대를 유지하고 있다.

이 기업은 2008년 글로벌 금융위기를 겪을 때도 주가 하락률이 10% 수준이었으며, 최근 사법 리스크를 겪고도 빠르게 제자리를 되찾았다. R&D 분야 등에 투자를 꾸준히 늘리고 성과를 내 온 것이 가장 주된 이유겠지만, 60년 연속 배당금 인상을 기록하며 높은 배당성향과 꾸준한 배당금 증가로 주주들과의 약속을 지켜낸 것도 존슨앤드존슨이 위기 속에서도 빠르게 회복하며 버텨낼 수 있던 이유 중 하나였다.

물론 배당을 잘 주는 기업이 해외에만 있는 것은 아니다. 배당에 인색한 국내 기업 중에도 배당을 늘려가는 기업들이 다수 있다. 최근 10년 동안 실적이 우상향하면서 배당이 감소하지 않은 기업에는 대표적으로 네이버, 고려아연, 현대글로비스, CJ제일제당, CJ, 한솔케미칼, 신세계인터내셔날, 유니드, 경동나비엔 등이 있다. 이 중 고려아연, 현대글로비스, CJ는 최근의 시가배당수익률이 3% 이상으로 주주가치 제고에도 적극적이다.

여전히 우리 자본시장에는 이런 기업이 드물다. 하지만 '자세히 보아야 예쁘다'는 표현처럼, 관심을 가지고 들여다보면 아무리 척

박한 땅이라도 반짝이는 보석을 만나기 마련이다. 오해에 오해를 거듭하다 보니 사실로 느껴지지 않을 뿐이다.

나는 우리나라에 이런 보석이 많아지길 바랐다. 보석이 많아야 우리 자본시장도 더 빛날 수 있기 때문이다. 보석이 탄생하는 과정이 쉬운 일이 아니듯 어느 한 기업의 변화를 지켜보는 것도 인고의 세월이 필요할지 모른다. 하지만 주주로서, 기업의 주인으로서 투자한 기업이 보석으로 변하는 과정을 지켜본다면 그것만큼 뿌듯한 일도 없을 것이다.

지배주주도 배당을 통해
성과를 공유하는 문화를 만들자

그렇다면 우리가 투자한 기업이 보석이 되는, 즉 성과를 내면서도 그 성과를 정당하게 공유하게끔 하는 방법에는 무엇이 있을까? 또 그런 환경은 어떻게 만들 수 있을까?

회사가 거둔 성과는 이익배당을 통해 분배된다. 이는 주주총회 보통결의사항으로, 출석한 주주의 의결권 과반수와 발행주식총수의 4분의 1이상으로 결의될 수 있다. 이러한 조건만 보면 배당을 정하는 데 일반주주로서 영향력을 행사할 수 있을 것이라 착각하기 쉽다. 하지만 소유와 경영이 분리되어 있지 않은 한국의 기업 지배구조 특성상 지배주주에 의해 배당이 결정되는 경우가 대다수다. 주주총회장에 가도 보통 이사회가 제안한 배당 안건만 상정되어있기 마련이고 속전속결로 가결된다. 지배주주인 경영자가 이사회에서 묻고 주주총회에서 답하는 자문자답 형식과 다를 게 없다.

이런 현실에서 배당을 확대하기 위해서는 지배주주를 설득해야 한다. 그들이 원하는 게 무엇인지 알아야 한다는 뜻이다. 배당소득에 대한 분리과세제도 도입은 그런 의미에서 그들에게 하나의 당근이 될 수 있다.

배당을 받으면 누구든지 15.4%의 배당소득세가 원천징수된다. 적은 것 같지만 1년간 배당소득이 2,000만 원을 초과하면 종합소득세로 환산되어 과세된다. 지배주주의 경우 배당소득 1억 원이 넘으면 38.5%, 지방세까지 합쳐 43%를 세금으로 부담해야 한다. 게다가 준조세 및 건강보험료 등을 포함하면 세금이 총 50% 이상이 되기도 한다. 그러니 지배주주 입장에서는 배당을 받아 좋을 이유가 없는 것이다.

배당소득 분리과세제도를 도입한다고 해서 회사가 배당을 많이 하겠느냐며 회의적으로 보는 이들도 있다. 회사를 자기 소유로 생각하는 일부 경영자 중에는 그런 사람도 있을 것이다. 그러나 내가 만나본 경영자 대부분은 분리과세가 확대 적용된다면 배당을 안 할 이유가 없다는 반응이었다. 배당금의 50% 이상 내던 세금을 획기적으로 줄일 수 있다면 배당을 마다할 이유가 없다는 것이다.

그런 의미에서 현재 15.4%인 배당소득세를 9.9%로 낮추는 방안도 고려할 필요가 있다. 이는 박근혜 대통령 시절 3년간 한시적으로 시행한 적이 있다. 당시 배당소득세를 15.4%에서 9.9%로 낮추자 배당성향이 17%에서 24%까지 올라갔다. 그 효과를 확인한 것이다.

배당소득 분리과세나 배당소득세를 낮추는 정책이 '부자 감세'라고 말하는 이들도 있다. 그러나 배당이 늘어나면 지배주주만 좋은 것이 아니다. 국내 기업의 경우 보통 지배주주 지분이 20~30%이고 70~80%는 일반주주들이 소유하므로, 배당이 많아지면 더 많은 국민이 우리 기업의 성과를 누릴 수 있다.

지배주주가 배당받기를 꺼려하고 높은 연봉을 받아가거나 여러 자회사를 만들어 이곳저곳에서 월급을 가져가게 놔두는 것보다 배당을 통해 성과를 공유하게 하는 것이 국가 차원에서도 더 나은 선택이다. 게다가 우리 국민이 우리 기업에 투자해서 성과를 공유하는 투자 환경이 만들어지면, 우리 기업은 물론이고 우리 국민의 삶도 크게 개선될 것이다. 결과적으로 더불어 잘 사는 길로 나아가는 방법이 된다.

배당을 활용한 복지정책으로 사회적 문제를 해결하자

한 가지 더 개인적으로 제안하고 싶은 아이디어가 있다. 우리나라 65세 이상 국민들에게 배당소득세를 면제해 주고 적극적으로 우리 기업에 투자하게 해서 성과를 공유 받을 수 있도록 하는 것이다. 한국의 자영업 비율은 OECD 국가 중 가장 높고 그만큼 실패율도 높다. 특히 은퇴 후 무분별한 창업과 실패로 길바닥에 나앉는 경우가 흔한 일이 되어버렸다. 이는 단순히 개인의 문제가 아니라 사회 구조적인 문제라는 측면에서 반드시 해결해야 한다. 자영업자들의 창업 지원, 경영 역량 강화, 사회보험 확대 같은 정책들도 좋지만 좀 더 근본적인 방안이 마련되어야 한다.

나는 은퇴자금이 주식시장으로 흘러들어와 안정적으로 배당을 받는 것이야말로 그 해결책이라고 믿는다. 65세 이상 국민들에게 배당소득세를 면제해 주는 것이 그 방법의 일환이다. 세대 갈등을 부추기는 안이라 생각할 법도 하지만 부모 세대가 우리 기업에 투자해 주어 자식 세대의 일자리가 늘어날 수 있다는 차원에서 보면 한쪽 집단만을 위한 방법은 절대 아닐 것이다.

거듭 강조하지만 배당금 분리과세 도입이나 배당소득세 면제는 부자 감세가 아니라 중서민을 위한 복지정책이자 온 국민을 위한 경제정책이다. 자금의 선순환을 통해 중서민의 삶을 향상시키고 더 나아가 경제의 규모를 키워 세수를 늘리는 데에도 큰 역할을 할 것이라 확신한다.

Without
Shareholder rights

금융투자소득세

금투세 실행보다
시장 성숙이 먼저

최근 몇 년 사이 동학개미들이 들불처럼 일어나 한국 주식시장에 부흥기가 오는 듯했다. 주식투자자가 급속히 늘어 어느새 1,400만 명을 넘어서기도 했다. 국민들 사이에서 주식투자는 부자가 될 수 있는 희망의 사다리로 여겨질 정도였다. 하지만 그것도 잠시, 한국 자본시장이 안고 있는 여러 리스크와 금리인상을 통한 긴축 등 대내외적인 악재가 겹치면서 주식투자 열풍이 사그라들었다. 여기에 주요 증시 법안들이 투자자들의 앞길을 가로막으며 증시 이탈을 가속화시켰다.

그중에서도 금융투자소득세(이하 금투세)는 투자자들 사이에서 단연 주요 화두였다. 금투세는 소득세의 일종으로 주식·채권·파생상품 등을 통해 연 5,000만 원 이상의 양도차익을 올린 모든 투자자에게 22~27.5%(지방세 포함)의 비율로 세금을 부과하는 제도다. 가뜩이나 주식시장도 좋지 않은 상황에서 금투세 시행 부담까지 가중되며 주식투자자들의 반발이 컸다. 실제로 기획재정부에 따르면, 금투세가 도입될 경우 과세 대상자가 현행 1만 5,000명에서 15만 명으로 증가할 것이라고 한다. 수많은 개인투자자들이 한국 주식시장을 떠날 채비를 하는 이유다.

다행히 금투세 시행 시기를 2023년에서 2025년으로 2년 유예하는 법안이 2023년 초 국회를 통과하며 한숨을 돌린 상태다. 그러나 주식투자자를 넘어 각계각층에서 유예를 넘어 금투세에 대한 근본적인 개혁을 요구하고 있다. 금투세 도입을 찬성하는 이들은 소득이 있는 곳에 세금을 부과하겠다는 명분을 내세우지만, 한국 자본시장의 여러 현실로 미루어 볼 때 아직은 적절한 시기가 아니라는 주장이다.

금투세 2년 유예를 넘어 근본적인 개혁이 필요하다

금투세 도입과 대주주 요건 강화는 선진국과 같은 전면적인 양도소득세 과세로 가기 위한 과정이었다. 대주주 요건은 코스피 기준으로 종목당 2013년 50억 원 이상, 2016년 25억 원 이상, 2018년 15억 원 이상으로 강화되어왔다. 2020년에는 10억 원 이상 보유에 지분율 기준도 코스피 기준 1%이상까지 낮아지고(코스닥은 2%), 금융종합소득공제 한도도 4,000만 원에서 2,000만 원으로 축소되었다.

그러나 그 과정에서 부작용이 만만치 않았다. 과세만 강화하고 투자자 보호 입법은 답보 상태다 보니 우리 주식시장은 점차 국민들로부터 외면받게 되었다. 투자자들이 해외 주식시장으로 눈을 돌리면서 다른 나라에 비해 크게 저평가받는 코리아 디스카운트라는 불명예도 안게 되었다. 부작용은 이뿐만 아니었다. 대주주 요건 기준 시점이 연말이다 보니(지분율은 연중) 매년 그 시기만 오면 양도세를 회피하기 위해 마지막 영업일 이틀 전까지 물량을 대거 매도하는 일이 반복되어왔다. 세금을 내야 하는 사람들이 많을수록, 즉 그해의 시장이 좋을수록 혼란이 가중되는 아이러니한 상황이 펼쳐지기도 했다.

한국거래소 손병두 이사장은 한 인터뷰에서 "우리나라 시가총액은 세계 13위 수준이나 내적으로는 미성숙한 청소년기에 머물러 있다."라고 말한 적이 있다. 즉 청소년기인 우리 주식시장에서 성인기에 해야 할 금투세 도입은 시기상조라는 이야기다. 금투세를 섣불리 시행하다가 대참사가 일어날 수 있다는 것은 대만의 사례를 통해서도 알 수 있다. 실제 대만의 경우 지난 1989년 급하게 주식양도소득세를 도입했다가 거래량 감소, 주가지수 급락 등의 부작용을 겪고 1년 만에 결정을 철회했다. 물론 과거 대만의 상황이 우리와 똑같지 않더라도 반면교사로 삼기에는 충분하다.

투전판으로 변질된 한국의 주식시장이 금투세라는 암초를 만나면 너무나도 쉽게 전복될 것이 불 보듯 뻔하다. 우선 주식시장이 선진국 수준으로 성숙해야만 한다. 농부가 농사를 짓듯이 좋은 기업을 골라 꾸준히 투자해도 성공할 수 있어야만 한다. 그런 환경이 갖춰진 이후에 금투세를 도입해도 절대 늦지 않다.

기업이 성장할 토대를 먼저 마련해 주자

우리가 투자하고 있는 대상은 무엇인가? 바로 기업이다. 기업은 우리 삶의 터전이고 근간이며 우리 공동체가 굴러가게 하는 자원의 원천이다. 그래서 기업 활동이 왕성하게 일어나야 우리 삶, 특히 중서민의 삶이 나아진다. 이는 부정할 수 없는 명백한 사실이다. 그런데 금투세 도입과 대주주 요건 강화로 우리 국민이 국내 기업에 투자할 기회가 막히는 것 같아 아쉬울 따름이다.

2013년 전까지만 해도 코스피 기준 대주주 요건은 100억 원 이상 보유, 또는 지분율 3%를 넘는 것이었다. 당시만 해도 국민들이 마음 놓고 국내 기업에 투자해 성과를 공유할 수 있는 시기였다. 그 덕에 산업도 크게 성장하고 경제 규모도 상당히 커졌다. 하지만 최근 몇 년 사이 세금 부담이 늘고 투자 이윤이 줄어 주식시장이 경제 규모만큼 성장하지 못하고 오히려 단기적인 매매를 유도하는 시장으로 전락해 버렸다.

'코리아 디스카운트'라는 단어에는 기회의 의미도 내포되어 있다. 우리가 이를 개선하면 얻을 수 있는 과실이 그만큼 많다는 뜻이기도 하다. 이는 다른 누군가가 아닌 우리 국민들이 누려야 할 부이다. 이런 상황에 금투세 도입은 국민들의 기회를 빼앗는 것이나 다름없다. 지금은 금투세를 도입할 때가 아니라 도리어 대주주 요건 한도를 늘려 주식시장으로 자금을 유입시켜야 할 시기다.

그런 측면에서 최근 정부가 주식 양도세 완화 방안을 검토한다는 소식은 매우 반갑다. 대주주 기준을 종목당 10억 원에서 50억 원, 혹은 100억 원 등으로 상향한다는 것인데, 이는 법률이 아닌 시행령 사안이므로 국회 입법 절차 없이 정부가 자율적으로 개편할 수 있다. '부자 감세' 프레임에 현혹되지 말고 우리나라 미래를 위해 용단이 필요하다.

이와 더불어 장기 투자자의 주식 양도차익에 대한 세금 감면도 고민해 볼 시점이다. 통계에 따라 약간씩 차이가 있으나 우리나라 개인투자자들의 평균 주식 보유 기간은 3개월 남짓이다. 다른 나라에 비하면 회전율이 지나치게 높다. 이처럼 투기적인 단기 투자가 성행하는 원인은 근원적으로 우리 자본시장에 있지만, 단순하게는 장기 투자를 할 만한 메리트가 없기 때문이기도 하다. 장기 투자 문화 정착은 우리 자본시장 개선과 더불어 코리아 디스카운트라는 악순환의 고리를 끊어 내는 데 큰 역할을 할 수 있다. 그뿐만 아니라 기업의 중장기적인 성장을 위해서도 매우 중요하다. 장기 투자자들에게 세금 혜택을 안 줄 이유가 없는 것이다.

지금 세계는 각자도생의 길로 가고 있다. 기업에도, 국가적으로도 어려운 시기다. 어려울 때일수록 우리가 힘을 모아야 한다. 국민들이 우리 기업에 투자해야만 하는 이유다. 그렇지 않으면 우리 삶도 어려워지는 것은 자명하다.

다른 한편으로는 글로벌 한류 확산이라는 천재일우의 기회를 맞이하고 있기도 하다. 전 세계적으로 한류 열풍이 뜨겁게 불고 있으며 전 세계가 한국을 배우려 한다. 이를 K-자본시장으로 확장해야 한다. 외국인들이 우리 문화를 배우듯 우리 기업에 투자할 수 있게 유도하는 것이다. 이를 위해 주주권리 보호를 위한 법 제도 개선과 함께 국내 기업들의 건전한 경영 활동을 지원하는 다양한 정책과 문화, 합리적인 조세 제도 등이 뒷받침되어야 한다. 어려움을 같이 이겨내고 기회를 잘 살린다면 코리아 프리미엄 시대를 목격하는 날도 머지않을 것이다.

상속·증여세

공정하고 상식적인
상속 증여 방법

풍선 효과라는 말이 있다. 풍선의 한 쪽을 누르면 다른 쪽이 부풀어 오르는 것처럼 어떤 문제 하나를 억제하니 다른 새로운 문제들이 생겨나는 현상을 일컫는다. 최근 코리아 디스카운트의 주범으로 상속세를 꼽는 경우가 있다. 높은 상속세가 풍선 효과를 일으켜 여러 다른 문제를 야기했고, 그것이 코리아 디스카운트의 주요 원인이 되었다는 분석이다.

우리나라는 상속세 부담이 큰 나라다. 상속세 최고세율이 50%인데, 여기에 최대주주 주식 할증 과세까지 적용하면 최대 60%가 된다. 이 경우 최고세율이 55%인 일본보다 높게 된다. '상속은 국가가 받는 것이냐'는 말이 나올 정도로, 누구라도 '절세', '탈세'라는 단어를 떠올릴 법하다. 특히 미국, 영국, 독일 등 주요 국가들과 비교해도 더 높으니 꼼수를 쓰고 싶은 생각이 더할 것이다.

시장 경제하에서 주가 하락에는 여러 이유가 있다. 그런데 우리나라에만 있는 특이한 이유 하나가 있으니, 바로 상속과 증여 문제다. 혹자는 주가가 오르지 못하는 원인으로 '지배주주가 나이 들어서'라는 이유를 댄다. 심지어는 '지배주주가 곧 갈 날이 머지않았으니 주가가 오를 일만 남았다'는 농담 섞인 이야기도 한다. 어찌 보면 굉장히 비합리적인 논리가 우리나라 주식시장에서는 통한다.

상속세 시가 평가가 문제가 되는 이유

이러한 문제의 근본 원인은 우리나라에서 상속·증여세를 산정할 때 시가로 평가하는 것에서 비롯된다고 볼 수 있다. 상속·증여를 앞둔 지배주주 입장에서 한번 생각해 보자. 이들로서는 주가가 낮은 것이 단연코 유리하다. 특히 건실한 회사일수록 자본 조달이 필요 없으니 더욱 그러하다. 주가가 올라도 쓸 수 없는 소위 '사이버 머니'만 늘어난다고 생각하고, 오히려 상속·증여세를 아끼면서 자식들에게 물려주는 것이 더 이득이라고 여긴다. 그러니 상속·증여가 끝나기 전까지 최대한 주가를 낮추려고 한다. 상속·증여세가 시가 기준으로 산정되니 주가를 낮추기 위해 시기에 맞춰 손익거래와 자본거래로 회사가 어려운 것처럼 포장하거나 자녀 명의의 비상장 회사를 설립해 알짜사업과 일감을 몰아주기까지 한다.

문제는 그러는 동안 지배주주를 제외한 일반주주들은 배당이든 시세차익이든 성과를 분배받기 어렵다는 사실이다. 오랜 기간 지친 투자자들은 혀를 내두르며 떠나간다. 결과적으로 이렇게 주가는 하락하고 지배주주는 목적을 달성한다.

나는 한국 주식시장의 주가순자산비율(PBR)이 1이 채 되지 않는 점에 주목한다. 특히 누가 봐도 건실한 회사들이 PBR 0.5도 안 되는 현실은 문제가 있다. 이런 현상이 유독 우리나라에서만 많이 보인다. 이는 상속·증여세와 절대 무관하지 않다.

문제를 바로 잡기 위한 대안으로 PBR이 1 이하인 회사의 경우 상속·증여세 과세 기준을 현행 '시가' 대신 '순자산가치'로 하는 방법이 있다. 그러면 지배주주 입장에서 일부러 주가를 내릴 유인이 사라진다. 일반주주는 상속과 관련된 주식시장의 논리에 휘말릴 필요도 없어지며 투자에만 집중할 수 있다. 정부 입장에서도 좋은 방안이다. 주가를 일부러 하락시켜 세금을 적게 내는 경우가 없어질 테니 세수도 늘어날 수밖에 없다.

자본시장 지속 성장을 위해서라도 상속세 제도 개편이 필요하다

우리나라에서 상속세와 관련된 현안은 정치적인 잣대로만 논쟁이 되는 형국이다. 소위 '부자 감세' 프레임을 벗어나지 못하는 것이다. 정부는 상속세 제도 개선을 검토해 보겠다는 입장만 고수할 뿐이다. 당장 세수가 부족한데 부자 감세하자는 것이냐는 사회적 논란이 거세질 게 분명하기 때문이다.

상속세를 걷는 이유는 기본적으로 조세수입을 확보하고, 나아가 재산 집중을 억제하고, 공평성을 증진시키기 위함이다. 문제는 현행으로는 이 세 가지 모두 제대로 작동하지 않는다는 사실이다. 상속세율이 높으면 더 걷혀야 하는 게 정상인데 이를 회피하기 일쑤니 오히려 덜 걷히는 것이 현실이다. 현 제도에 문제가 없다는 입장에서는 '올해는 전년보다 얼마나 더 걷혔냐'는 등 '몇 군데서 걷혔냐'는 등 통계적으로만 보니 실상을 모르는 것이다.

상속세는 상속세만의 문제가 아니다. 앞서 말했듯 높은 상속세로 인해 여러 다른 문제들이 생기고 있다. 합병 비율, 물적분할 후 동시상장, 자사주의 마법, 터널링 등이 바로 상속세 회피 수단으로 활용되고 있으며, 이는 곧 코리아 디스카운트의 원인이 되고 있다. 재산 집중을 억제하고 공평성을 증진시키기 위한 상속세가 오히려 반대로 작용하는 것이다. 한국 자본주의의 지속 성장을 위해서라도 상속세 시가 평가 제도가 반드시 개편되어야 하는 이유다.

공매도

공매도 시장의 기울어진
운동장을 바로잡는 법

2020년 3월, 코로나 팬데믹으로 국내 증시가 요동치자 금융당국이 6개월간 전체 상장종목을 대상으로 '한시적 공매도 금지'라는 고강도 조치를 시행했다. 당시 미국, 영국, 독일, 일본을 제외한 대부분 국가들도 공매도를 한시적으로 금지시켰다. 금융시장의 안정을 위한 조치였다. 특히 유동성이 비교적 낮거나 아직 자본시장이 성숙하지 못한 국가들에서 공매도 금지가 이루어졌다. 당시 주가와 펀더멘탈* 사이의 괴리가 발생할 가능성이 높아졌고, 공매도를 한시적으로 금지하면서 이를 최대한 막으려고 한

---

* 한 나라의 경제 상태를 나타내는 데 기초 자료가 되는 경제 지표로, 보통 경제성장률, 물가상승률, 재정수지, 경상수지, 외환보유고 등을 의미한다.

것이다.

공매도의
순기능과 역기능

공매도는 하락장세가 예상되는 상황에서 주식을 빌려 매도하고 주가가 하락하면 낮은 가격으로 사서 주식을 갚아 차익을 남기는 투자방식이다. 예를 들어 현재 주가가 1주당 1만 원인 회사의 주가가 하락할 것으로 예상될 때, 주식을 빌려 공매도 주문을 낸다. 그리고 약정한 시기 내에 가격이 떨어져 8,000원이 된 주식을 사서 갚아 2,000원의 차익을 남기는 것이다.

이러한 공매도는 여러 순기능이 있다. 주가가 실제 가치보다 과도하게 높게 평가되어있는 경우 이를 낮추는 역할을 한다. 일례로, SG증권발 사태에서 공매도가 제대로 작동이 되었다면 투자자 피해를 줄일 수 있었을 것이다. 거래 활성화는 시장의 효율성을 증진시키고 주식의 실제 가치를 발견하는 데도 도움이 된다. 또한 투자자들은 공매도를 통해 위험을 관리하기도 한다. 특히 큰 자산을 운용하는 기관이나 외국인, 혹은 개인 자산가의 경우 악재가 예상될 때 공매도를 통해 손실을 최소화할 수 있다.

하지만 역기능도 무시할 순 없다. 공매도는 시장의 변동성을 확대하는 역할을 하고, 주가조작에 악용될 수 있다. 일례로 공매도 세력이 허위정보를 유포하여 주가를 하락시키려는 시도는 다양하게 나타나는데, 최근에는 SNS가 활성화되어 허위정보가 빠르게 퍼지면서 피해 범위가 넓어졌다. 이뿐만 아니라 기업이 신주를 발행하거나 전환사채(CB)와 신주인수권부사채(BW)를 통해 자금 조달을 하는 경우 이를 미리 알 수 있는 기관이나 외국인 투자자는 공매도를 통해 무위험 수익을 얻을 기회를 잡기도 한다. 이렇게 공매도는 사각지대에서 꽃을 피우며 기승을 부린다. 공매도의 역기능이 순기능을 상쇄시키고, 결국 있어도 없는 것만 못하게 된다.

기관·외국인 투자자와 개인투자자 차별하는 공매도 제도

국내 증시가 안정을 찾은 2021년 5월, 코스피지수 200과 코스닥지수 150을 구성하는 종목에 한해서 공매도가 부분적으로 허용됐다. 그리고 2023년 3월 이복현 금융감독원장이 한 인터뷰에서 "한국을 외국인 투자자에게 매력적인 시장으로 만들기 위한 조치들을 분명히 취할 것"이라며 공매도 금지 조치 전면 해제 검토를 언급하면서, 개인투자자들의 저항이 거세졌다.

공매도 재개는 MSCI 선진국 지수 편입이라는 목적을 달성하기 위한 조치의 일환이었고, 이를 통해 외국인 투자자들을 유치하고 국내 증시를 활성화하고자 한 것이었다. 그러나 개인투자자들은 현행 공매도 관련 제도가 이미 기울어진 운동장이고, 이를 평평하게 하기 전까지는 공매도가 재개되면 안 된다고 주장했다.

최근 1년간 공매도 거래실적을 집계하면 거래대금 비중이 외국인 73%, 기관투자자 25%, 개인투자자 2%로 외국인이 압도적으로 높다. 이렇게 공매도 참여 비중이 격차를 보이는 가장 큰 이유는 전산시스템의 불비를 핑계 삼아 외국인 투자자들의 무차입 공매도가 자행되고 있기 때문이다. 무차입 공매도란 주식을 빌리지 않고 매도부터 하는 방식으로, 세상에 없는 주식을 파는 불법적인 행위다. 특히 외국인 투자자들은 수기 거래 방식의 한계점 때문에 공매도 잔고 관리가 미흡한 틈을 노렸고, 무차입 공매도가 관행화되기에 이르렀다. 실제로 금융감독원은 여러 글로벌 투자은행(IB)들의 무차입 공매도를 적발했다고 밝히기도 했다. BNP파리바 홍콩법인은 2021년 9월부터 카카오 등 국내 주식 총 10개 종목에 대하여 약 400억 원 규모로 무차입 공매도를 했고, 홍콩HSBC는 2021년 8월부터 호텔신라 등 9개 종목에 대하여 160억 원 상당의 무차입 공매도를 했다고 한다. 글로벌 투자은행들이 불법을 저지르는 동안 해당 기업들의 주가 하락률은 더 커질 수밖에 없었고 애꿎은 투자자들만 피해를 보았다.

　　기관·외국인 투자자와 개인투자자 간 공매도 담보 비율과 주식 상환 기간의 차이도 공매도 참여 비중이 차이 나는 이유 중 하나다. 공매도 담보 비율이란 주식 차입 시 요구되는 최소 담보유지비율을 뜻하는데, 외국인 투자자는 105%가 적용되는 데 반해 개인투자자는 120%가 적용된다. 쉽게 설명해서, 개인은 현금 2,000만 원을 담보로 최대 1억 원까지 주식을 차입해서 공매도할 수 있고, 외국인은 현금 500만 원을 가지고도 개인투자자와 동일하게 공매도 할 수 있다. 즉 담보유지비율 차이로 인해 발생하는 기울어진 운동장인 셈이다.

차입한 주식의 상환 기간도 개인투자자들이 지적하는 차별적 요인이다. 개인투자자는 상환 기간이 90일로 정해진 데 반해 외국인 투자자는 제약이 없다. 물론 개인투자자도 연장이 가능하지만, 그 자체만으로도 동등하지 않으며 불리하게 작용할 수밖에 없다.

개인투자자들의 울부짖음이 드디어 귀에 닿았는지, 2023년 11월 정부는 공매도를 한시적으로 금지한 뒤 투자자 권익을 강화하기 위한 공매도 제도 개선책 마련에 나섰다. 그 방안으로 기관·외국인 투자자의 공매도 상환 기간을 개인투자자와 동일하게 90일로 하되 연장할 수 있도록 했으며, 개인의 담보 비율은 기관·외국인과 같이 105%로 조건을 일원화하기로 했다. 이와 더불어 무차입 공매도를 막기 위한 전산화 시스템 구축도 시행하기로 했다.

이번 발표안을 두고 공정성과 효율성의 기반을 마련했다는 긍정적인 평가도 있지만, 개인투자자 보호 차원에서는 반쪽짜리 개선책에 그쳐 아쉬움이 크다. 공매도 담보 비율을 발표안대로 낮춰서 통일할 게 아니고, 반대로 기관·외국인 투자자의 담보 비율을 신용비율과 비슷한 수준인 130% 이상으로 높여서 일원화했어야 했다. 개인투자자들의 담보 비율이 낮아지면 오히려 빚내서 투자하는 것을 조장하여 피해가 커질 수 있게 되며, 개인투자자 보호를 위해서는 무엇보다도 기관·외국인 투자자의 담보 비율을 높여 공매도 진입장벽을 높여야만 한다.

공매도의 순기능을 발휘하게 하려면

이러한 제도 개선 방안에도 불구하고 근본적인 문제 해결까지는 갈 길이 멀다. 개인투자자와 기관·외국인 투자자의 조건이 아무리 동일하더라도 개인투자자가 공매도를 활용하기는 쉽지 않다. 개인투자자가 공매도를 하기 위해서는 증권사를 통해 주식을 빌려야 하는데 공매도를 할 수 있는 종목과 수량이 한정되어 있을 뿐 아니라 이자 등 조달 비용도 높다. 개인투자자에게는 공매도에 참여할 기회 자체가 원천적으로 봉쇄되어 있는 것이다. 특히, 외국의 경우 개인투자자 중 적격투자자 요건에 부합하면 기관과 똑같은 조건으로 공매도를 할 수 있으나 한국은 적격투자자라고 해도 실질적으로 공매도를 하기 쉽지 않다.

공매도 폐지가 어렵다면 공매도가 시장에서 순기능을 발휘하도록 해야 한다. 이를 위해 기울어진 운동장을 바로잡는 공정한 제도를 만들어 모두가 참여할 수 있도록 해야 한다. 공정한 룰을 적용해도 개인투자자가 불리한 마당에 차별 대우를 받아서 되겠는가. 법과 제도는 세상을 더 합리적이고 합당하게 만드는 데 기여해야 한다. 법과 제도의 허점을 파고들어 부당한 이익을 챙기는 세력이 있다면 이를 보완하여 공정한 경쟁이 되도록 수정해야 한다. '기업에 자본을 제공하고 기업이 성장할 때 그만큼의 대가를 받는다'는 투자의 본질을 해치는 제도가 하루빨리 개선되기를 바란다.

금융 범죄 처벌

자본시장의 근간을
지키기 위해 해야 할 일

2023년 4월 선광, 삼천리, 하림지주, 세방, 다올투자증권, 다우데이타, 대성홀딩스, 서울가스 등 8개 종목이 연일 하한가를 기록했다. 특별한 사유가 없었지만 공통점이 있었다. 외국계 증권사인 SG증권을 통해 대량 매도 물량이 나왔다는 점이다. 대체 무슨 일이 있었던 것일까?

이 하한가 사태는 레버리지 투자가 가능한 차액결제거래(CFD)를 이용해 2년여에 걸친 시간 동안 주가를 인위적으로 끌어올리던 세력이 금융당국의 조사에 급하게 매물을 팔면서 시작된 것이라는 의혹이 제기되었다. 아직 소송이 진행 중이지만 피해자들은 괴로운 심정을 하소연할 곳도 없는 상태다.

자본시장 생태계를
파괴하는 금융 범죄

미국에서 벌어진 엔론 파산 사태는 미국 기업사를 뒤흔든 최악의 회계 부정 사건으로 꼽힌다. 미국 에너지 회사 엔론은 약 2만 2,000명의 직원을 보유하고 있었으며 2000년 기준 매출 1,110억 달러를 달성한 기업이었다. 당시 경제전문지 〈포춘〉은 엔론을 6년 연속 '미국에서 가장 혁신적인 기업', '일하기 좋은 100대 회사', '앞으로 100년간 성장 가능성이 높은 10개 주식'으로 선정하기도 했다. 그랬기에 엔론의 파산은 그야말로 전 세계적으로 충격을 안겨주었다. 익히 알다시피 엔론은 무분별한 사업 확장으로 현금이 부족해졌고, 재정 상태가 부실했음에도 회계장부를 조작해 이를 은폐했다. 그리고 이러한 사실이 밝혀지며 파산이라는 결과를 맞고 말았다.

사회적으로 영향력 있던 기업이 실제로는 회계 부정에 의존하고 있었다는 사실이 밝혀지면서 사회적 파장과 충격이 컸다. 이 사건으로 당시 엔론의 회장이었던 케네스 레이 회장과 최고경영자였던 제프리 스킬링은 연방법원에서 사기와 내부자 거래 등으로 각각 징역 24년 4개월, 24년의 유죄 판결을 받았다. 당시 엔론의 외부 감사를 맡고 있던 미국의 5대 회계법인 중 하나였던 아서 앤더슨 역시 이 사건으로 인해 영업정지를 당하고 결국 파산하게 되었다. 엔론의 파산으로 많은 이들이 직장을 잃었으며 이후 소송이 줄을 이었다. 너무 많은 이들이 그 후폭풍에 휘말려 아픔과 고통을 겪어야 했다.

자본시장을 둘러싸고 벌어지는 금융 범죄의 피해는 개인뿐만 아니라 사회 전체에 큰 영향을 미친다. 피해자들의 경제적, 정신적 피해부터 금융시장의 신뢰도 하락까지 그 파급력의 범위와 규모는 말할 것도 없다. 그만큼 엄중히 대응하고 처벌해야 마땅하다.

그러나 우리나라에서는 여전히 금융 범죄의 심각성에 대한 인식이 부족하다. 자본시장연구원에 따르면, 검찰이 증권 관련 범죄에 대해 기소나 불기소 등의 처분을 내리기까지 평균 1년 넘게 소요되었으며, 기소된 후에도 재판을 통해 판결이 확정될 때까지 걸리는 기간이 400일 이상이라고 한다. 적발에서부터 판결 확정까지 평균적으로 2년 이상의 긴 시간이 소요되는 것이다. 처벌이 이뤄진다 하더라도 실형이 아닌 집행유예가 선고되는 경우가 많았다. 대법원 통계에 따르면 지난 2020년 주가조작 등 증권 불공정 거래 범죄로 유죄판결을 받은 64명 중 26명(40.6%)이 집행유예를 받았으며, 이는 일반 사기범(38.2%)이나 범죄조직을 통한 사기범 (15.3%)의 집행유예 비율보다 높은 수치였다.

이것이 바로 한국의 금융 범죄 처벌의 실상이다. 범죄도 문제지만 솜방망이 처벌은 또 다른 피해를 야기한다. 범죄 당사자들이 받는 너무도 가벼운 죗값이 금융 범죄에 대한 인식과 도덕적 판단을 흐리게 하는 것이다. 자본시장의 근간을 뒤흔드는 금융 범죄의 처벌 수위에 대해 우리 사회의 깊은 고민이 필요한 시점이다.

지배주주의 잘못에는 더 큰 책임을 물어야 한다

우리는 자본에 근거한 자유시장경제 체제를 살아가고 있으며, 우리 사회를 움직이는 동력은 신용과 신뢰다. 그런 의미에서 금융 범죄는 우리 사회의 근간을 파괴하는 일이라 할 수 있다. 자본시장의 규범을 해치고 생태계를 무너뜨릴 뿐 아니라 선량한 이들의 삶을 망가뜨리기도 한다. 그런데도 처벌은 지나치게 미약하다. 특히 지배주주들의 금융 범죄의 경우 솜방망이 처벌이 유독 많다. 그러다 보니 자본시장을 해치는 편법이나 범죄 행위가 더욱 극성을 부리고 신뢰와 신용이라는 사회적 가치는 땅에 떨어지고 만다.

횡령과 원정도박 등의 혐의로 징역형을 받았으나 금세 복귀한 AA기업 회장의 사례가 대표적이다. AA기업의 회장은 원부자재를 몰래 판매해 80억여 원을 빼돌렸다. 또한 가족 명의의 계열사에 급여를 주고 거래한 것처럼 꾸며 30억여 원을 챙기는 등 100억 원이 넘는 회삿돈을 횡령한 혐의로 구속 기소되었다. 그뿐 아니다. 한국과 미국 지사를 오가는 직원들을 통해 10억 원의 여행자수표를 나눠서 사들이는 방법으로 회삿돈 80억여 원을 미국 법인으로 빼돌려 자금을 세탁하고, 이 중 일부를 미국 카지노에서 원정도박하는 데 사용했다는 혐의도 있다.

AA기업의 회장은 이 세 가지 혐의로 징역 3년 6개월과 추징금 14억 원을 선고받았다. 그러나 형기를 6개월가량 남긴 채 가석방으로 출소했다. 형 집행이 끝난 뒤 5년간 취업이 제한되는 규정이 있으나 어찌된 일인지 그는 '상근 회장' 타이틀을 달고 출근했으며 연봉 또한 업계 최고인 40억 원을 수령했다. 죄를 짓고도 가벼운 처벌만 받고 다시 복귀하는 차원을 넘어 떵떵거리며 살아가는 기업인들을 보면 대책 마련이 시급해 보인다.

　　사회규범을 무너뜨리고 자본시장을 해하며 회사 가치를 훼손하는 지배주주나 경영진의 금융 범죄는 엄벌해야 한다. 법을 교묘히 이용해 빠져나가서 같은 일을 반복하지 않도록 할 필요가 있다. 그런데 처벌만이 능사는 아니다. 어쩌면 사전 예방이 더 중요할 수도 있다. 사익을 편취하고 주주의 신뢰를 저버리는 짓을 하다가는 정말 회사를 뺏길 수도 있겠다는 경각심을 갖게 만들어야 한다.

　　이를 위해 범죄자의 재산을 박탈할 수는 없지만, 최소한 의결권만이라도 제한하는 제도가 도입되어야 한다. 회사에 손해를 입힌 자에게 의결권을 제한하는 것은 지극히 합리적이다. 지분이 적은 지배주주들을 위해 복수의결권 제도가 논의되듯이 이와 반대로 의결권 행사를 제한하는 제도도 필요한 것이다. 이제는 우리나라에서도 범죄자가 또다시 그 회사를 경영하는 말도 안 되는 일이 벌어지지 않았으면 하는 바람이다.

투자·경제교육

주식투자,
아는 만큼 보인다

우리나라는 세계 그 어느 나라보다 교육열이 높다. 명
문 대학 입학을 목표로 주요 학군이 형성되고 학군에 따라 부동산
가격이 달라진다. 맹모들이 사교육에 쏟아붓는 돈은 어떤가? 자녀
한 명을 대학에 보내기 위해 1년에 수천만 원을 쓰는 일이 허다하
다. 그렇게 명문 대학을 나오면 탄탄대로의 인생을 살게 될까? 그
렇지 않다.

전국경제인연합회 통계 자료에 따르면 지난 4년간(2017~2020
년) 배출된 대졸자는 223만 4,000명이지만 신규 고학력 일자리는
126만 4,000개에 그쳤다. 신규 일자리 창출이 대졸자 수의 50%
를 조금 넘는 수준이다. 그뿐 아니다. 2022년 11월 14일 통계청

국가통계포털(KOSIS)에 제시된 숫자를 보면 10월, 20대 실업자 수는 23만 1,000명으로 2021년 같은 달보다 5,000명이나 늘어 났다. 20대 실업자는 9월에도 1년 전보다 4만 1,000명 늘어난 25만 2,000명을 기록했다.

이처럼 대학을 졸업한 청년들이 취업난에 허덕이고 있다. 그나마 취업을 한다 해도 본인 눈높이에 맞지 않는 경우가 많다. 엄청난 돈과 시간을 들였음에도 취업조차 제대로 하기 힘든 것이 우리 현실이다. 투자 개념을 적용한다면 실패한 투자에 가깝다.

우리가 살아가는 데 가장 중요한 것은 먹고살기 위한 인간의 행위, 즉 경제활동이다. 교육열이 강한 이유도, 명문대에 입학하기 위해 안간힘을 쓰는 이유도 결국에는 이를 위해서다. 그렇다면 우리의 교육열이 정말 필요한 곳으로 옮겨간다면 어떨까.

밥상머리에서부터 시작되는 금융투자 경제교육

"문맹은 생활을 불편하게 만들지만 금융문맹은 생존을 불가능하게 만든다."

앨런 그린스펀 전 미국 연방준비제도이사회 의장의 말이다. 이와 같은 이유로 그는 "금융문맹이 문맹보다 더 무섭다"고 덧붙이기도 했다. 그렇다면 과연 우리나라의 금융문맹률은 어느 정도일까? 금융문맹을 줄이기 위해 우리는 어떤 노력을 하고 있을까?

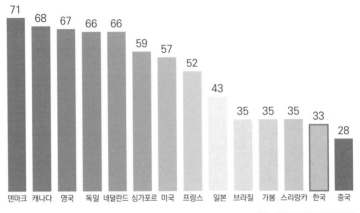

세계 주요국 금융 이해력 지수

71 덴마크
68 캐나다
67 영국
66 독일
66 네덜란드
59 싱가포르
57 미국
52 프랑스
43 일본
35 브라질
35 가봉
35 스리랑카
33 한국
28 중국

출처: S&P 글로벌 핀릿 서베이

2015년 미국의 신용평가기관인 스탠더드 앤드 푸어스(S&P)가 전 세계 국가별 금융 이해력(Financial literacy) 지수를 조사했다. 금융 이해력이란 금융에 관한 지식을 갖고 있을 뿐만 아니라 관련 지식을 충분히 이해하며 올바른 태도와 행동으로 금융 생활을 꾸려갈 수 있는 역량을 의미한다. 놀랍게도 이 조사에서 한국은 33점을 받았다. 이는 가장 높은 점수를 받은 덴마크, 캐나다, 영국의 점수의 절반에 미치지 못하는 수준이며, 아프리카의 가봉, 우간다보다 낮은 점수였다. 이는 우리 금융교육이 얼마나 제 역할을 하지 못하고 있는지 단적으로 보여주는 수치라 할 수 있다.

질문을 던져보자. 당신은 학교나 가정에서 돈에 대해 제대로 배워 본 적이 있는가? 우리나라 교육의 핵심은 오로지 대학 입시에만 맞춰져 있다. 그러다 보니 자본주의 세상을 살아가는 데 있어 가장 중요한 공부는 뒷전이고, 돈에 대해 제대로 교육 받을 기회가 없는 것이 현실이다. 어린 시절부터 돈에 대해 배우지 않다 보니 성인이 되어서도 복리, 수입과 지출, 수요와 공급 등 아주 기본적인 개념조차 알지 못하는 이들이 부지기수다.

주식이나 부동산 투자를 할 때 투자 아닌 투기에 가까운 베팅으로 돈을 잃는 일이 비일비재한 것도 이런 이유다. 피땀 흘려 모은 돈을 잃지 않기 위해서라도 지금 우리에겐 투자 교육, 경제교육이 시급하다.

나는 주식투자가 가장 좋은 경제교육이라고 생각한다. 주식투자라는 창을 통해 세상을 바라보며 돈의 흐름, 사람의 흐름, 물건의 흐름을 읽을 수 있기 때문이다. 이는 어릴 때부터 가정과 학교에서 동시에 이루어져야 한다.

가정에서 할 수 있는 자녀들을 위한 가장 효율적인 교육 방법은 밥상머리 투자 교육이다. 가족이 식탁에 둘러앉아 식사하거나 차를 마시며 투자와 경제에 대해 이야기를 나누는 것이다. 아빠는 최근 관심을 갖게 된 자동차 브랜드에 대해서, 엄마는 자신이 쓰는 화장품이 좋은 이유에 대해서, 아이는 친구들과 즐겨보는 콘텐츠에 대해 이야기하는 것이 일상이 되어야 한다. 특히, 자녀들에게 아래와 같은 질문을 하면 건전한 투자 관점과 경제관념을 갖는 데 도움이 될 수 있다.

"네가 좋아하는 캐릭터가 OOO인데, 네가 이 장난감을 돈을 주고 사면 누가 돈을 벌까?"

"네가 매일 유튜브를 보는데 공짜로 보잖아? 어떻게 공짜로 볼 수 있게 되는 걸까? 사실은 공짜가 아니지 않을까?"

"네가 좋아하는 아이돌이 속한 기업은 어디지? 그곳에는 어떤 사람들이 일하고 있을까? 네가 꼭 아이돌이 되지 않더라도 그 업계에서 좋아하는 일을 찾을 수 있지 않을까?"

이런 질문과 답변이 오가다 보면 자연스럽게 아이도 돈의 기본적인 원리와 흐름을 깨닫게 된다. 중요한 것은 여기에서 그치지 않고 직접 투자를 해 보는 것이다. 단돈 1,000원이든 1만 원이든 아이가 용돈을 모아 주식을 사거나 펀드에 투자하는 습관을 들이게 할 필요가 있다. 이때 자녀가 직접 투자를 해 보게 한다면 아마 경제를 보는 눈이 완전히 달라질 것이다. 어릴 때부터 투자가 생활이 된 사람은 성인이 되어서도 자연스럽게 투자를 하게 된다. 금융소득의 격차가 이미 어린 시절부터 벌어지기 시작하는 것이다.

무엇보다 중요한 것은 이것을 단순히 재테크로만 치부해서는 안 된다는 점이다. 투자 경험을 통한 경제교육에서 아이들이 배워야 하는 것은 투자에 대한 올바른 시각과 자본주의에 대한 태도다.

단지 주식 매매를 통해서 시세차익을 올리는 데만 초점을 두게 하는 것은 옳지 않다. 그보다는 동반자로서 기업과 함께 성장해 나간다는 생각을 심어줄 필요가 있다. 투자관은 기업, 자본시장, 나아가 세상을 바라보는 관점을 크게 좌우하기에 어린 시절부터 올바른 투자관을 정립하는 것이 무척 중요하다.

초중고 교육과정에서 투자 교육을 의무화하는 것도 필요하다. 이를 가정에서만 오롯이 책임지기에는 한계가 있다. 현재 단발적인 강의로 이루어지는 교육을 학교 정규 과정에 포함하여 기본 교육이 이루어지도록 해야 한다. 아이들이 주식과 펀드에 투자해 보는 실전 투자 수업을 마련하는 것은 물론, 모의 창업 등을 통해 기업이 어떻게 운용되는지 체험하게 하는 수업도 필요하다.

이처럼 가정에서부터 학교로 이어지는 투자 교육과 경제교육은 아이들의 경제적 자립을 위한 토대가 될 것이다. 더 나아가 아이들이 투자자로서, 사업가로서, 올바른 국민으로서 자본주의 시대를 살아가는 데 밑거름이 되어줄 것이다. 그 아이들이 미래의 주역이 되어 우리 국가 경제를 부강하게 하고 대한민국의 위상을 바꾸는 데 큰 역할을 할 것이라 믿어 의심치 않는다.

'한 가족 한 기업 갖기' 운동이 만들어 내는 선순환의 시너지

나는 100여 개 기업의 주인으로 살아가고 있다. 그중 20여 개 기업에서는 2대 주주다. 시장을 지켜보면서 투자하고 싶은 기업, 함께 성장하고 싶은 기업이 생길 때마다 그 기업의 지분을 사서 모았고, 배당을 받거나 다른 곳에서 수익이 생기면 점차 지분을 늘려나갔다. 아무것도 가진 게 없었던 내가 어떻게 이런 결과를 낼 수 있었을까?

이러한 성과를 위해 나는 꾸준히 공부했고, 세상의 변화를 읽기 위해 끊임없이 노력해 왔다. 나 자신과 우리 기업들, 그리고 우리나라의 미래를 믿으며 묵묵히 투자해 온 결과다. 그렇다면 이런 일은 나에게만 우연히 주어진 행운일까? 다른 사람들은 결코 다다를 수 없는 꿈일까? 결코 그렇지 않다. 누구라도 가능한 일이다. 그러기 위해서는 행동이 뒤따라야 한다.

일단 내가 잘 아는 기업에 투자해서 '주인'이 되어 보는 경험이 그 첫 걸음이다. 언제나 큰 결실은 작은 한 걸음에서 시작되는 법이다. 나는 그 첫 걸음이 '한 가족 한 기업 갖기'에서부터 시작되었으면 하는 바람이다. 가계에서부터 시작되는 주식투자 문화 정착은 우리를 더 풍요롭게 만들 것이다.

코로나 팬데믹 이전에는 '일가일사(一家一社) 세미나'를 열어 가족 단위 참가자들을 초청해 대화를 나누거나 인식 확산을 위한 활동도 했다. 일가일사 세미나에 참석한 이후 실제 자녀들에게 밥상머리 금융교육을 하며 투자를 실천하고 있다는 피드백도 받은 적이 있다. 비록 현재는 가진 것이 별로 없으나 가족과 함께하는 주식투자를 통해 기업과 동반성장을 꿈꾸며 더 나은 미래를 꿈꾸게 되었다고 한다. 심지어 배우자 선택의 기준이 달라졌다는 이도 있었다. 투자에 대해 제대로 알기 시작한 후로는 긍정적인 시각을 가지고 공감할 줄 아는 배우자를 만나야겠다고 생각이 바뀌었다고 한다.

이것뿐이겠는가. '한 가족 한 기업 갖기' 운동은 우리의 인생뿐만 아니라 국가의 비전까지도 바꿔놓을 수 있다. 사회 공동체의 기본 단위인 가정에서부터 좋은 기업을 선별하고 투자하면 그 기업은 든든한 투자금을 바탕으로 더욱 우량해질뿐더러 관련 산업군이 발전하고 일자리도 늘어 우리 삶도 함께 윤택해진다. 이에 더해 내수시장을 넘어 글로벌 시장으로 진출하는 기업들이 많아질수록 국가 경제도 성장을 거듭할 것이다. 풍요로움의 시작이 결국 '한 가족 한 기업 갖기' 운동인 셈이다.

가계, 기업, 국가
모두는 운명 공동체

나만 잘 되면 된다는 개인 이기주의가 팽배해진 시대다. 서구식 개인주의가 이기주의로 변질되어 개인의 자유와 행복만을 추구하는 사회가 되었다. 그러나 한 가지 잊어서는 안 되는 것이 있다. 국가가 있어야 사회가 존재하고, 사회가 있어야 개인이 존재할 수 있다. 제아무리 뛰어난 개인이라도 국가가 제 역할을 하지 못하면 능력을 발휘할 수 없다. 반대로 일등 국가에서는 국민 대다수가 수혜를 입는다. 우리가 공동체 의식을 가져야 하는 이유다.

주식회사 제도와 증권시장은 인간이 만들어낸 최고의 공유 시스템이다. 이 제도를 잘 활용하는 국가가 세상을 지배하며 이끌고 있다. 그들은 개인주의를 넘어 공동체 의식을 지니고 있다. 성공을 자신의 능력으로만 이룬 것처럼 포장하지 않거니와 자신을 성공으로 이끈 사회에 대한 감사의 의미로 '노블레스 오블리주' 정신을 실천한다. 여기에는 사회에 대한 책임과 더불어 성과에 대한 공유의 개념도 포함되어 있다.

한국의 자본시장은 이제껏 '노블레스 오블리주' 정신과는 거리가 멀었다. 지배주주들은 자본시장을 단지 자본 조달 창구이자 상속증여의 수단으로 여기고 심지어는 사익을 편취하는 통로로 이용해 왔다. 사회적 책임과 성과에 대한 공유는 뒷전이고 개인의 이익만을 좇았다. 심지어 법과 제도가 지배주주를 떠받치고 있으니 횡령, 배임, 일감 몰아주기, 터널링 등 지배주주의 각종 만행은 끝날 줄 몰랐다.

이제는 달라져야 한다. 모든 국민에게 희망이 되는 자본시장으로 거듭나야 한다. 기업은 홀로 존속할 수 없으며, 그 존재가치는 국가와 국민으로부터 비롯된다는 사실을 다시 한번 상기할 필요가 있다. 가계와 기업이 함께 성장해야 국가도 부강해질 수 있다. 정부와 기업, 지배주주와 일반주주, 모든 국민이 힘을 합쳐 주식회사의 약속이 지켜지는 사회를 만들어야 하는 이유다.

주주권리가 없는 나라에는 미래도 없다. 주주 자본주의, 주주 민주주의를 통해 우리 국민 모두에게 희망이 되는 나라를 만들어 갈 수 있길 바란다.

주주 권리가 없는 나라

초판 1쇄 발행 2024년 1월 15일

지은이 박영옥·김규식
펴낸이 정덕식, 김재현

책임편집 최문주
디자인 Design IF
경영지원 임효순

펴낸곳 (주)센시오
출판등록 2009년 10월 14일 제300-2009-126호
주소 서울특별시 마포구 성암로 189, 1707-1호
전화 02-734-0981
팩스 02-333-0081
메일 sensio@sensiobook.com

ISBN 979-11-6657-133-6 03320

소중한 원고를 기다립니다. sensio@sensiobook.com